I0539388

EERSTE EDITIE - Gepubliceerd in 2022

Extra grafisch materiaal van: www.freepik.com
Dank aan: Alekksall, Starline, Pch.vector, Rawpixel.com,
Vectorpocket, Dgim-studio, Upklyak, Macrovector,
Stockgiu, Pikisuperstar & Freepik.com Designers

Ontdek gratis online spelletjes

Hier verkrijgbaar:

BestActivityBooks.com/FREEGAMES

5 TIPS OM TE BEGINNEN!

1) HOE OP TE LOSSEN

De Puzzels zijn in een Klassiek Formaat:

- Woorden worden verborgen zonder pauzes (geen spaties, streepjes, ...)
- Oriëntatie: Voorwaarts & Achterwaarts, Boven & Beneden of in Diagonaal (kan in beide richtingen)
- Woorden kunnen elkaar overlappen of kruisen

2) ACTIEF LEREN

Naast elk woord is een spatie voorzien om de vertaling te noteren. Om actief te leren vindt u een **WOORDENBOEK** aan het einde van deze editie om uw kennis te controleren en uit te breiden. U kunt elke vertaling opzoeken en opschrijven, de woorden in de puzzel vinden en ze vervolgens aan uw woordenschat toevoegen!

3) TAG JE WOORDEN

Hebt u al geprobeerd een labelsysteem te gebruiken? U zou bijvoorbeeld de woorden die moeilijk te vinden waren kunnen markeren met een kruis, de woorden die u leuk vond met een ster, nieuwe woorden met een driehoek, zeldzame woorden met een ruit enzovoort...

4) ORGANISEER UW LEREN

Wij bieden ook een handig **NOTITIEBOEKJE** aan het eind van deze uitgave. Of u nu op vakantie, op reis of thuis bent, u kunt uw nieuwe kennis gemakkelijk ordenen zonder dat u een tweede notitieboek nodig hebt!

5) AFGESLOTEN?

Ga naar de bonussectie: **FINAAL UITDAGING** om een gratis spel te vinden dat aan het einde van deze editie wordt aangeboden!

Wil je meer leuke en leerzame activiteiten? Het is Snel en Eenvoudig!
Een hele collectie spelboeken slechts *één klik verwijderd!*

Vind uw volgende uitdaging bij:

BestActivityBooks.com/MijnVolgendeBoek

Klaar... Start!

Wist u dat er zo'n 7000 verschillende talen in de wereld zijn? Woorden zijn kostbaar.

We houden van talen en hebben hard gewerkt om de boeken van de hoogste kwaliteit voor u te maken. Onze ingrediënten?

Een selectie van onmisbare leerthema's, drie grote plakken plezier, dan voegen we er een lepel moeilijke woorden en een snuifje zeldzame woorden aan toe. We serveren ze met zorg en een maximum aan verrukking, zodat je de beste woordspelletjes kunt oplossen en veel plezier beleeft aan het leren!

Uw feedback is essentieel. U kunt een actieve bijdrage leveren aan het succes van dit boek door een recensie achter te laten. Vertel ons wat u het meest beviel in deze editie!

Hier is een korte link die u naar uw bestelpagina brengt:

BestBooksActivity.com/Recensies50

Bedankt voor uw hulp en veel plezier met het spel!

Linguas Classics

1 - Metingen

園 キ ロ メ ー ト ル プ 猟 画 メ ー 狩 読
グ 分 ロ 動 ル ン リ ー 編 真 ー プ 狩 ル
絵 釣 絵 グ 物 興 リ ル 法 活 タ 猟 ズ 幅
編 ー ダ 狩 ラ ハ ッ 品 ダ み ー ジ 写 喜
パ ジ 真 読 読 ム ト 写 り 陶 書 イ ル 真
ダ パ プ 活 興 書 ル シ び 画 読 ジ 園 書
び 狩 長 バ イ ト み 陶 り 品 編 撮 ン ズ
絵 リ さ 画 ジ 芸 ー 読 み イ 法 魔 ゼ 魔
釣 エ 撮 魔 ム 読 小 数 重 深 プ 質 量 ラ
ゼ ム ク ャ 釣 影 ゼ 魔 高 さ ダ ム ボ ク
陶 ク 猟 グ ン イ 喜 り ン 猟 パ 喜 リ ー
エ 真 り ラ オ ン ス パ び 釣 イ ク ュ み
物 芸 ル ム ゼ チ 書 絵 物 真 ン 編 ー 読
レ 読 リ ダ 釣 セ ン チ メ ー ト ル ム 法

バイト	キロメートル
センチメートル	長さ
小数	リットル
深さ	質量
重さ	メーター
グラム	オンス
高さ	パイント
インチ	トン
キログラム	ボリューム

2 - Keuken

オ	ー	ブ	ン	ハ	影	味	り	イ	ジ	食	レ	陶	味
写	み	グ	ム	品	リ	読	ャ	ジ	り	べ	興	シ	撮
ャ	編	イ	ハ	喜	ゼ	み	読	リ	狩	物	み	プ	ピ
絵	品	絵	釣	ズ	び	ラ	読	り	リ	ズ	ゲ	ー	ク
冷	凍	庫	狩	猟	エ	カ	ー	瓶	冷	味	釣	ボ	猟
ケ	レ	ス	ハ	エ	読	ー	ッ	プ	蔵	味	イ	ウ	キ
ト	シ	ポ	ス	プ	ー	ン	レ	プ	庫	グ	リ	ル	釣
ル	ゼ	ン	パ	ロ	芸	写	ゼ	釣	ジ	シ	箸	喜	ー
ジ	狩	ジ	イ	ン	陶	フ	ォ	ー	ク	絵	プ	キ	パ
ナ	イ	フ	ス	物	ン	真	ジ	リ	釣	絵	ャ	び	影
リ	真	ゲ	み	パ	キ	ム	レ	ー	エ	釣	狩	エ	物
水	ン	写	リ	ズ	陶	グ	シ	シ	キ	画	ズ	ク	編
ク	差	ー	真	味	魔	品	味	絵	味	興	び	喜	ハ
影	ャ	し	ナ	プ	キ	ン	影	ル	み	陶	リ	芸	味

カップ
グリル
ケトル
冷蔵庫
ボウル
水差し
スプーン
ナイフ
オーブン

レシピ
エプロン
ナプキン
スパイス
スポンジ
食べ物
フォーク
冷凍庫

3 - Boten

書 編 海 画 撮 魔 グ シ 興 法 ゼ ム シ 釣
狩 物 洋 ゲ パ 絵 み ダ 写 ブ イ ク ル ー
ク ル 真 ム ー ド ラ 活 物 ャ プ ハ 園 び
シ イ 狩 魔 ン み ッ 猟 い 法 書 ン 陶 陶
興 ャ キ プ エ 撮 ジ ク か 真 カ ダ 品 ラ
絵 ラ 波 フ ン マ ス ト だ ハ ヤ 釣 り ダ
書 レ ル ェ ジ ク ズ 興 ダ 陶 ッ ル 潮 ダ
物 ゼ 影 リ ン ャ キ 喜 レ シ ク ヨ ッ ト
ア ン カ ー ル 読 ラ 猟 ロ ー プ ゲ 編 画
芸 魔 ノ ー ティ カ ル り 影 興 シ び グ
シ 真 ー ダ セ 芸 釣 活 ズ リ シ み キ 真
湖 川 カ ヌ ー 猟 プ 読 ル 園 エ イ ハ 釣
猟 グ ム り ラ 画 ル 書 園 園 ゼ 撮 撮 み
ー 真 物 イ ー ラ ル 動 動 ダ 喜 興 ラ 写

アンカー	セーラー
クルー	エンジン
ブイ	ノーティカル
ドック	海洋
ヨット	ロープ
カヤック	フェリー
カヌー	いかだ
マスト	

4 - Chocolade

撮	読	シ	影	ク	ン	職	エ	ハ	ム	酸	お	レ	喜
画	香	ズ	リ	リ	影	書	人	レ	真	化	気	狩	ハ
ム	り	カ	カ	オ	美	味	し	い	読	防	に	甘	い
猟	物	芸	活	リ	ゼ	キ	ゼ	釣	画	止	入	狩	読
法	リ	エ	リ	ゼ	ハ	味	園	品	質	剤	り	ン	り
陶	陶	ン	活	イ	法	影	猟	味	撮	グ	園	ゼ	喜
ダ	パ	エ	ャ	シ	イ	ジ	味	編	ゼ	イ	砂	キ	レ
釣	苦	い	キ	ズ	撮	真	キ	読	ゼ	ゼ	び	糖	シ
芸	イ	渇	望	ゾ	活	書	物	イ	シ	カ	び	ラ	ピ
品	味	法	芸	ク	チ	リ	エ	ャ	カ	ロ	リ	リ	ー
ャ	味	影	コ	コ	ナ	ッ	ツ	芸	ラ	動	真	ナ	
レ	書	プ	真	写	ム	ク	ハ	真	メ	魔	喜	法	ッ
成	び	芸	ゲ	ズ	書	ム	動	品	ル	み	み	書	ツ
分	画	喜	み	び	ル	パ	リ	り	ハ	釣	り	書	エ

酸化防止剤	成分
香り	カラメル
職人	ココナッツ
苦い	品質
カカオ	ピーナッツ
カロリー	レシピ
エキゾチック	砂糖
お気に入り	渇望
美味しい	甘い

5 - Tijd

絵 品 真 ク パ カ リ シ 書 グ ー レ 品 魔
ン 味 狩 び 味 レ 釣 ジ 園 ハ ク グ プ ー
法 み 猟 猟 ル ム 活 品 釣 プ 猟 影 ラ グ
味 写 芸 イ 園 ダ 通 年 朝 週 キ ズ プ グ
芸 ム 芸 ズ ハ ー 絵 写 釣 ダ 猟 ズ 味 り
写 狩 び 興 シ 品 月 狩 び ハ ゼ キ 物 喜
書 ダ ク 夜 ジ ダ 釣 シ 未 今 園 園 プ ゲ
活 ラ ー 年 興 活 読 活 来 書 日 猟 ダ 活
真 魔 読 パ 絵 絵 猟 撮 ム プ り 魔 影 興
り ジ 昼 グ 十 年 レ グ リ ゲ 分 ー 味 猟
釣 ズ ラ び 編 ゼ 陶 ン レ 世 紀 読 味 ム
真 時 計 早 い 園 魔 物 リ 魔 昨 撮 品 真
一 間 物 ゼ 写 釣 影 ー 品 り 画 日 ハ 陶
狩 物 び 真 法 シ 園 ク ダ 後 キ ル ゼ ラ

十年	時計
世紀	未来
昨日	時間
通年	今日
カレンダー	早い

6 - Meditatie

```
ゲ 法 ゲ り ハ びゃ 撮 ム 品 プ ー ー パ
グ 法 エ 味 品 イ マ 画 ジ イ ー 読 り ー
思 読 注 観 狩 ク イ シ 書 ジ 姿 絵 ズ ス
シ 考 意 感 察 ク ン 編 動 芸 勢 編 魔 ペ
ャ 影 ム 謝 写 沈 ド 活 パ ム キ ン ジ ク
品 撮 ダ 学 ャ 黙 ズ 読 ゲ 狩 自 活 味 ティ
感 情 園 ぶ プ 編 狩 ジ 猟 味 然 釣 パ ィ
陶 芸 ム た 思 い やり 明 画 び ジ パ ブ
呼 吸 ゃ め 魔 ル 猟 音 快 み 園 ル 魔 真
メ ズ 狩 に 影 ハ ャ 楽 受 品 ジ 陶 活 グ
ン 平 和 ク グ 書 ン み け 親 切 ゲ シ 喜
タ ク 猟 パ ャ ハ 興 活 入 パ 画 レ 物 ラ
ル ゼ シ 書 真 動 き 撮 れ 活 撮 真 ダ リ
み シ 絵 物 魔 レ エ み ゲ 陶 り ジ 書 芸
```

注意	学ぶために
受け入れ	思いやり
呼吸	メンタル
動き	音楽
感謝	自然
感情	観察
思考	パースペクティブ
マインド	沈黙
明快	平和
姿勢	親切

7 - Zomer

物 ゼ リ 食 海 真 レ 品 庭 エ 絵 レ び 動
エ ム 活 編 ベ シ 家 味 ン 旅 影 ジ 魔 ズ
リ 法 書 グ 物 編 族 エ 行 猟 ャ 芸 芸
エ ラ 書 籍 プ 猟 リ キ ャ ン プ ー ム 品
陶 物 ク 読 喜 び ゲ ー ム パ 影 休 暇 編
狩 キ 画 ゼ ム シ 読 絵 芸 ン ビ シ 品 画
ダ 法 絵 真 ー パ ダ イ 真 活 ー 味 法 書
サ ン ダ ル 真 シ 狩 絵 ゲ プ チ リ ダ ラ
ズ ー 品 ズ 物 音 ョ 思 い 出 撮 り 釣 星
び ダ ゼ ャ リ 楽 書 ン 影 写 写 み ハ 撮
画 イ ハ 動 編 ラ ハ 喜 魔 び シ ー キ 芸
動 ビ シ ズ 読 猟 び エ ャ 書 芸 リ 活 イ
写 ン ゼ ラ 友 真 ラ 喜 写 品 編 物 パ び
グ グ 狩 喜 達 プ 味 動 興 ラ 書 書 画 リ

書籍	旅行
ダイビング	サンダル
家族	ビーチ
ゲーム	休暇
思い出	食べ物
キャンプ	喜び
音楽	友達
リラクゼーション	レジャー

8 - Vogels

ダ	チ	ョ	ウ	写	び	狩	リ	絵	絵	ダ	み	狩	キ
動	み	キ	書	パ	エ	ズ	び	狩	び	ー	パ	陶	パ
撮	み	ハ	ン	カ	味	ン	興	真	写	喜	動	ャ	動
ガ	チ	ョ	ウ	ラ	モ	ー	グ	影	園	ゼ	卵	イ	影
猟	み	ペ	真	ス	ズ	メ	画	サ	画	エ	編	物	画
び	ジ	リ	物	猟	レ	ペ	ン	ギ	ン	ア	ヒ	ル	ゼ
写	ハ	カ	鳩	釣	芸	陶	ャ	真	ム	グ	味	パ	フ
喜	パ	ン	フ	ジ	動	ャ	パ	リ	キ	絵	孔	釣	ラ
動	ズ	写	ク	ー	物	リ	キ	読	エ	猟	雀	魔	ミ
狩	ム	物	ロ	園	ン	パ	釣	写	コ	撮	品	猟	ン
カ	ッ	コ	ウ	エ	ル	園	画	オ	ウ	ム	ラ	法	ゴ
撮	喜	法	ハ	リ	写	絵	み	オ	ノ	物	パ	物	陶
画	猟	ャ	キ	品	白	ム	興	ハ	ト	動	法	ク	ゼ
法	ム	書	ャ	物	鳥	画	ズ	シ	リ	ラ	ル	ク	ハ

アヒル	オウム
フラミンゴ	孔雀
ガチョウ	ペリカン
チキン	ペンギン
カッコウ	サギ
カラス	ダチョウ
カモメ	オオハシ
スズメ	フクロウ
コウノトリ	白鳥

9 - Behoud

```
農 薬 動 画 生 興 持 ナ 物 品 味 汚 芸 真
有 編 工 絵 息 法 影 続 チ ズ ゲ 染 ズ 狩
読 機 釣 ハ 地 絵 プ 狩 可 ュ リ 緑 画 ボ
シ 動 撮 ゼ 削 減 動 喜 編 能 ラ パ グ ラ
プ 園 レ 読 釣 ル 猟 活 パ 釣 ル 水 ン
興 芸 ダ 味 ジ 編 ダ 釣 園 真 リ シ み ティ
環 境 ル ラ 猟 ハ 真 味 園 陶 パ 健 編 ィ
真 リ 釣 み 魔 ハ ラ び プ 魔 絵 康 ダ ア
ャ パ グ 化 学 ハ ラ ハ 生 教 育 味 物 グ
猟 編 工 陶 動 活 ゲ ハ 態 リ キ 芸 編 狩
懸 念 陶 絵 法 興 レ ー 系 サ イ ク ル ク
ジ ル 狩 リ パ 魔 読 絵 読 イ 法 芸 ー ゼ
パ 読 ム 活 物 喜 シ み ゲ ク ゼ 読 法 ジ
エ 編 物 狩 ー 気 候 絵 ャ ル 編 ク 園 動
```

化学薬品　　　　　教育
持続可能　　　　　有機
生態系　　　　　　農薬
サイクル　　　　　リサイクル
健康　　　　　　　削減
生息地　　　　　　汚染
気候　　　　　　　ボランティア
環境　　　　　　　懸念
ナチュラル

10 - Wiskunde

矩	真	読	び	り	ゼ	リ	ハ	ム	角	レ	幾	ボ	魔
活	形	小	リ	エ	み	動	味	グ	撮	度	何	リ	和
グ	法	数	指	多	角	形	画	ジ	ジ	物	学	ュ	釣
園	喜	ゲ	分	数	算	術	直	品	平	活	び	ー	猟
三	角	形	物	パ	ン	影	径	ラ	行	法	み	ム	ク
リ	パ	リ	法	ン	活	写	撮	写	四	ハ	味	猟	猟
り	ー	プ	リ	シ	活	魔	陶	方	辺	ャ	芸	レ	び
物	園	ー	猟	釣	物	魔	ダ	程	形	釣	写	ズ	画
ク	猟	釣	絵	動	魔	び	陶	式	り	活	グ	味	ク
猟	写	平	行	魔	書	パ	画	ム	度	パ	み	魔	
ム	り	イ	ズ	グ	り	エ	レ	興	イ	ゲ	半	径	影
撮	ラ	プ	猟	ム	猟	味	物	プ	ズ	興	び	対	称
ズ	活	り	狩	ル	エ	ー	陶	リ	法	ゲ	撮	品	ラ
ル	活	パ	垂	直	画	活	物	陶	ラ	円	周	読	ラ

小数	平行
直径	平行四辺形
三角形	矩形
指数	算術
分数	半径
幾何学	対称
角度	多角形
垂直	方程式
円周	ボリューム

11 - Camping

芸興撮読コハグラリ動グズ芸月
影クキャビンりエク画イび芸編
ハリみャダモパ陶物ズ書写工編
陶び写猟画ッャス品シランタン
プ撮絵絵法ク興ル園冒読書喜火
興ム陶撮地み品パ動森険テント
び自園工図ム芸ゼグパ湖味猟編
ゼ然ムジロープリイ絵釣読狩真
釣エ山ク活書画エ活キ芸グルキ
ハル ラハ味画帽ハ絵園書園カ書
狩昆読イ真ン子釣ゲハりみヌ品
ダー虫グゲャパ狩ゲ釣陶ゲーダ
ャ猟グ影品木動狩猟ャ書グレ
プ興び撮釣ク読物リ興撮ル絵撮

冒険	地図
キャビン	カヌー
動物	コンパス
ハンモック	ランタン
帽子	自然
昆虫	テント
狩猟	ロープ

12 - Activiteiten

```
工 味 法 読 パ 品 ダ 釣 ム 陶 絵 魔 レ 狩
猟 ラ ス キ ル 興 ダ ン ズ 真 書 活 ム 法 魔
ゲ シ 喜 ャ エ レ シ ジ プ イ 釣 動 画 エ
リ 魔 び ン パ 品 ン び イ イ 狩 真 パ 法 書
猟 パ ダ プ 編 ズ グ リ グ ャ 画 ゼ 読 書
陶 シ 真 影 ダ ム ル ラ キ リ ゲ キ 喜 ダ キ
ン 釣 り 活 絵 ク 撮 ク ク グ 法 写 み キ
イ 活 ャ 写 芸 味 ゲ ゼ 動 法 ゲ 真 活 書
プ 芸 猟 レ ジ ャ ー ー エ 芸 品 撮 園 芸
狩 芸 イ パ 撮 興 ム シ プ 園 リ 影 魔 物
猟 ア 芸 シ 喜 り パ ョ キ 猟 ャ び 縫 製
絵 ー 真 写 ハ イ キ ン グ 味 ダ 物 書 絵
画 ト 撮 喜 ゲ ク ル ダ ー 編 レ 狩 読 キ
ラ 動 ン 猟 芸 画 ー 喜 ル 動 品 狩 猟 ル
```

活動	魔法
工芸品	縫製
ダンシング	リラクゼーション
写真撮影	喜び
ゲーム	パズル
釣り	絵画
狩猟	園芸
キャンプ	スキル
アート	レジャー
読書	ハイキング

13 - Vormen

グ	レ	ー	陶	パ	び	ズ	絵	シ	品	書	ズ	多	び
魔	品	法	ラ	パ	影	ム	真	真	影	影	喜	角	活
影	編	園	レ	キ	釣	り	キ	興	ム	ダ	物	形	ゲ
キ	ダ	喜	ゲ	写	レ	猟	味	釣	絵	ル	パ	ゲ	陶
絵	側	シ	み	み	び	レ	ー	び	動	ー	プ	ピ	り
法	芸	魔	リ	み	影	三	角	形	ア	楕	リ	ラ	陶
ズ	双	曲	線	ン	狩	乗	円	錐	ー	円	ズ	ミ	ハ
編	真	線	ラ	芸	ダ	エ	ッ	ジ	ク	リ	ム	ッ	ハ
コ	ー	ナ	ー	イ	キ	ー	エ	ー	編	味	ズ	ド	味
影	真	芸	法	編	ン	ラ	矩	み	法	ダ	味	活	読
味	絵	物	ラ	書	真	陶	形	パ	狩	狩	喜	ハ	編
ジ	陶	影	ハ	ゼ	り	み	興	喜	読	イ	興	書	グ
品	り	び	エ	動	真	グ	狩	撮	味	ダ	狩	び	ム
動	ャ	ー	ラ	撮	プ	書	パ	喜	シ	シ	品	猟	ハ

アーク	ライン
シリンダー	楕円
曲線	ピラミッド
三角形	プリズム
コーナー	エッジ
双曲線	矩形
円錐	多角形
三乗	

14 - Astronomie

狩 レ ク 絵 ダ 編 物 真 芸 画 シ ダ ゾ 編
天 び ズ み ラ 宇 宙 飛 行 士 星 リ ィ 絵
文 ラ 編 ズ イ 重 法 園 活 味 雲 グ ア 影
学 法 編 動 り カ ラ 真 興 ー 喜 イ ロ 品
者 彗 星 ジ 真 影 読 釣 書 物 ロ ケ ッ ト
活 影 ダ ズ 小 園 撮 グ 月 編 ジ 芸 ク ー
り 品 動 り ク 惑 星 編 芸 品 書 物 ン 園
品 エ 地 味 猟 流 星 座 ー 喜 天 文 台 ャ
み ム 球 猟 猟 興 味 宇 み 喜 芸 り キ 狩
プ ゲ ゼ 興 シ エ ゲ 影 宙 望 シ 真 ャ ゼ
ゼ リ 園 活 画 読 釣 リ 真 遠 編 ジ ク パ
放 射 線 衛 春 分 撮 み び 鏡 イ 撮 活 読
ル 陶 ク キ 星 ダ 画 釣 動 イ 動 ズ パ り
猟 猟 物 プ 編 ン グ 動 陶 写 ジ 写 活 絵

地球	天文台
小惑星	惑星
宇宙飛行士	ロケット
天文学者	衛星
ゾディアック	星座
春分	放射線
彗星	望遠鏡
流星	宇宙
星雲	重力

15 - Emoties

ズ	ン	グ	キ	ゼ	感	品	満	同	情	魔	狩	び	物
写	画	ジ	ル	ズ	謝	写	芸	足	ラ	至	イ	読	ラ
魔	編	恥	ず	か	し	い	悲	怒	り	福	レ	ズ	動
園	陶	絵	ム	魔	て	リ	し	り	ハ	ゲ	物	狩	絵
活	ダ	ジ	芸	静	い	ラ	み	ゼ	編	法	リ	ル	狩
愛	猟	優	ラ	け	ま	び	活	り	安	心	ン	シ	レ
恐	怖	し	ク	さ	す	猟	芸	エ	グ	ゲ	陶	品	ン
撮	ダ	さ	物	り	グ	興	リ	ダ	釣	喜	コ	画	編
喜	親	ラ	書	芸	リ	絵	写	み	魔	魔	ン	ゲ	ン
ク	興	切	ダ	ル	動	ム	ズ	び	喜	イ	ン	読	真
ゲ	陶	ダ	猟	ル	退	屈	喜	動	り	物	ン	キ	エ
編	シ	動	ゲ	絵	狩	絵	興	陶	読	平	ツ	興	喜
ゲ	喜	釣	ャ	エ	リ	ラ	真	ム	和	キ	品	び	
パ	喜	狩	シ	絵	パ	ジ	活	編	書	り	画	魔	活

恐怖　　　　　　　　同情
恥ずかしい　　　　　優しさ
感謝しています　　　満足
悲しみ　　　　　　　退屈
至福　　　　　　　　平和
コンテンツ　　　　　喜び
安心　　　　　　　　親切
静けさ　　　　　　　怒り

16 - Vakantie #2

画	ャ	画	活	編	喜	ゲ	芸	レ	行	き	先	レ	プ
パ	び	レ	園	エ	ハ	狩	芸	釣	ス	ン	園	ジ	ャ
ス	釣	喜	画	釣	レ	キ	ゲ	パ	編	ト	ク	ャ	ビ
ポ	外	狩	撮	り	読	ホ	テ	ル	グ	真	ラ	ン	ー
ー	国	キ	書	物	ジ	書	予	芸	ン	味	陶	ン	チ
ト	人	ャ	読	動	読	島	ジ	約	ム	タ	空	港	テ
ャ	パ	ン	ハ	興	絵	読	書	ハ	ハ	狩	ク	興	ン
興	味	プ	魔	陶	ム	ズ	ャ	休	り	芸	写	シ	ト
グ	真	味	興	リ	エ	り	物	日	ハ	物	芸	真	ー
旅	猟	猟	芸	キ	グ	魔	ゼ	ー	味	陶	陶	交	
狩	絵	ビ	猟	ム	地	図	影	キ	ラ	ジ	狩	海	通
法	び	ザ	プ	読	活	撮	真	魔	パ	ゼ	ル	ゲ	撮
動	芸	ゼ	ゲ	レ	猟	ゲ	び	園	撮	列	ジ	園	動
グ	写	リ	喜	ム	魔	み	釣	び	法	車	キ	芸	グ

行き先
外国人
ホテル
地図
キャンプ
空港
パスポート
予約
レストラン

ビーチ
タクシー
テント
列車
休日
交通
ビザ
レジャー

17 - Weersomstandigheden

影 ム 撮 撮 グ 絵 稲 興 プ び ン 絵 パ パ
エ 絵 プ 活 ズ ム ハ 妻 写 画 真 物 ク 読
雰 真 動 雲 絵 ル 品 ク エ リ び 風 虹 雷
び 囲 撮 画 味 読 ハ 撮 物 エ ゼ ク 物 ン
真 ゲ 気 ム ズ ル 影 撮 ャ 法 品 喜 霧 園
嵐 ラ 猟 候 猟 温 度 旱 魃 ラ 読 写 法 空
書 ム ズ ム ゲ ト ロ ピ カ ル ム 興 活 氷
ラ 陶 み 物 ゼ ゲ 魔 り ム 編 ム ン イ 品
撮 エ 物 書 陶 ラ ラ り 魔 り り 極 性 モ
ゲ 絵 撮 ル ラ 動 味 ハ 影 ハ リ ケ ー ン
ド 喜 ラ ン 法 喜 キ ゲ 芸 ン イ 編 ジ ス
ラ シ 写 魔 画 び イ シ み 洪 水 ャ 絵 ー
イ 竜 巻 編 グ グ 画 絵 読 イ ハ 味 ズ ン
写 絵 ハ 喜 ャ 書 陶 ャ 魔 喜 品 品 影 写

雰囲気	ハリケーン
稲妻	洪水
ドライ	極性
旱魃	温度
気候	竜巻
モンスーン	トロピカル

18 - Strand

ハ	ャ	レ	シ	イ	り	ム	魔	書	写	喜	ハ	猟	画
読	活	イ	ヨ	ッ	ト	グ	び	品	レ	写	ル	味	び
カ	ー	園	狩	興	ン	プ	レ	レ	興	プ	リ	び	レ
ニ	読	ジ	興	キ	ク	ダ	猟	味	猟	ン	興	絵	ル
活	ズ	シ	味	画	品	ャ	狩	ン	リ	書	タ	芸	び
レ	書	パ	ク	物	ラ	ダ	ズ	園	ダ	写	オ	太	編
撮	ラ	法	キ	り	り	ラ	び	シ	ェ	ル	陽	ダ
ボ	グ	プ	活	ム	ク	イ	撮	真	陶	び	画	物	書
ー	ー	芸	魔	み	画	味	編	編	猟	動	法	休	法
ト	ン	サ	ン	ダ	ル	傘	編	ゼ	リ	み	活	芸	暇
ダ	魔	ラ	ー	ジ	興	書	海	猟	砂	青	ゼ	陶	ダ
興	真	物	編	陶	ジ	ジ	洋	動	編	リ	ジ	園	喜
狩	ム	品	島	猟	海	岸	ド	ッ	ク	ー	ム	ズ	ゼ
味	品	写	ゼ	レ	キ	ジ	物	物	陶	フ	魔	ダ	味

ボート	リーフ
ドック	サンダル
タオル	シェル
カニ	休暇
海岸	ヨット
ラグーン	太陽
海洋	

19 - Eten #2

ゼ	興	ア	ラ	写	猟	影	品	び	ア	ブ	編	物	エ
ラ	ク	ダ	ス	釣	り	味	ハ	ム	ー	ロ	プ	魔	陶
シ	陶	芸	み	パ	ア	ッ	プ	ル	モ	ッ	ャ	物	ズ
イ	ハ	法	影	ン	ラ	画	グ	絵	ン	コ	卵	喜	パ
ャ	園	ャ	レ	ク	写	ガ	み	ゲ	ド	リ	ン	葡	イ
芸	陶	影	画	ゼ	喜	活	ス	ゼ	チ	ー	ズ	萄	ナ
法	編	ン	ズ	ー	ハ	魔	書	茄	子	キ	リ	喜	ッ
ハ	ル	喜	味	写	り	狩	品	リ	狩	ウ	ン	み	プ
絵	イ	ト	マ	ト	ヨ	写	パ	キ	園	イ	ラ	び	ル
芸	イ	魔	法	影	ー	動	真	レ	リ	撮	ク	狩	画
動	リ	陶	狩	バ	グ	ゲ	絵	狩	米	猟	グ	び	ル
物	猟	ゼ	ン	ナ	ル	ハ	動	魚	り	桃	動	画	プ
影	ム	影	シ	ナ	ト	活	猟	ク	小	真	味	猟	ラ
ゼ	ズ	魔	味	物	園	撮	写	味	麦	ー	書	ジ	影

アーモンド	葡萄
パイナップル	ハム
アップル	チーズ
アスパラガス	チキン
茄子	キウイ
バナナ	小麦
ブロッコリー	トマト
パン	ヨーグルト

20 - Klimmen

課	題	グ	強	洞	窟	ト	シ	ヘ	シ	地	プ	品	書
プ	み	喜	さ	写	び	ン	レ	イ	ル	図	狭	狩	イ
ー	物	ジ	活	ダ	芸	動	ブ	ー	ツ	メ	り	い	シ
ダ	読	画	ム	シ	絵	ン	撮	写	ニ	ダ	ッ	釣	レ
手	袋	撮	ク	シ	陶	狩	狩	リ	ム	ン	ム	ト	リ
ャ	狩	法	好	奇	心	ラ	ズ	動	ラ	イ	グ	猟	ダ
ガ	イ	ド	リ	ゼ	読	ゲ	高	度	ダ	撮	ゲ	プ	ジ
ャ	ハ	品	エ	パ	ジ	園	ル	喜	真	ン	ラ	読	
専	門	家	ハ	イ	キ	ン	グ	釣	び	グ	真	釣	び
ャ	喜	り	影	キ	絵	撮	ャ	リ	リ	画	陶	パ	撮
釣	地	形	み	読	雰	グ	び	ー	グ	絵	ン	魔	真
プ	ゼ	プ	魔	味	囲	安	定	性	ク	動	動	り	み
釣	プ	イ	プ	エ	気	ル	み	猟	ラ	ン	ジ	釣	品
ジ	撮	リ	ゼ	書	怪	我	ラ	物	ハ	写	絵	動	ラ

雰囲気　　　　　　　ブーツ
専門家　　　　　　　怪我
ガイド　　　　　　　好奇心
洞窟　　　　　　　　トレーニング
手袋　　　　　　　　狭い
ヘルメット　　　　　安定性
高度　　　　　　　　地形
地図　　　　　　　　課題
強さ　　　　　　　　ハイキング

喜	書	品	リ	興	絵	ー	シ	味	ア	チ	猟	ハ
シ	撮	メ	グ	リ	ウ	ェ	イ	ト	レ	ス	キ	読	ャ
陶	び	ニ	狩	ゼ	写	ハ	ボ	ウ	ル	真	影	ン	び
ン	画	ュ	ナ	イ	フ	法	び	品	ギ	グ	食	画	園
デ	ザ	ー	ト	プ	陶	び	ダ	ソ	ー	ス	ベ	品	ゼ
ク	影	パ	プ	予	キ	絵	ャ	品	陶	写	物	ダ	書
ャ	魔	イ	物	約	び	ン	品	喜	品	真	ズ	グ	み
ル	法	品	パ	物	ム	プ	陶	画	ル	芸	パ	画	エ
ジ	撮	絵	レ	画	ハ	興	撮	撮	レ	ズ	プ	レ	リ
動	活	キ	猟	芸	真	ダ	ラ	猟	コ	興	シ	魔	影
レ	ャ	ダ	ッ	品	肉	興	レ	ル	ー	パ	法	ジ	動
編	陶	芸	ズ	チ	陶	書	魔	ヒ	ン	ク	狩	喜
品	プ	絵	イ	ゼ	ン	猟	ダ	ー	陶	皿	釣	イ
辛	い	ク	書	び	イ	編	物	ン	グ	グ	リ	ゲ	ゼ

アレルギー	辛い
パン	予約
キッチン	ソース
チキン	ウェイトレス
コーヒー	ナプキン
ボウル	デザート
メニュー	食べ物
ナイフ	

パ	興	り	絵	レ	ハ	書	ラ	り	動	間	ダ	ク	地
ム	猟	喜	高	原	溶	酸	シ	ム	絵	欠	園	ャ	震
キ	喜	動	ズ	シ	岩	釣	結	晶	塩	泉	画	園	物
ゼ	真	り	グ	リ	ン	撮	法	ー	レ	プ	ハ	プ	写
び	グ	興	釣	味	真	喜	ズ	モ	ル	テ	ン	ゼ	書
キ	園	キ	狩	猟	狩	ゲ	写	み	ハ	ゲ	大	り	書
コ	写	狩	園	キ	レ	動	鍾	乳	石	英	陸	火	山
ゾ	ー	ン	ン	釣	侵	絵	リ	ン	シ	レ	影	層	ゼ
エ	法	ラ	影	化	食	芸	撮	ハ	品	物	キ	ゲ	品
書	釣	イ	ル	石	ズ	写	園	編	ム	影	ズ	陶	絵
品	び	書	法	狩	写	ラ	ダ	ル	絵	ゲ	編	読	魔
エ	物	編	味	読	ー	撮	ハ	プ	び	ズ	び	シ	写
カ	ル	シ	ウ	ム	写	シ	活	芸	キ	石	ゼ	レ	ー
パ	撮	パ	洞	窟	プ	ン	プ	ゲ	シ	ク	読	ラ	ャ

地震
カルシウム
大陸
侵食
化石
間欠泉
モルテン
洞窟

コーラル
結晶
石英
溶岩
高原
鍾乳石
火山
ゾーン

23 - Specerijen

```
ル 喜 ャ 読 り 活 ク ル 物 物 キ 撮 法 動
写 リ ャ 芸 狩 編 編 塩 興 猟 ジ 園 ャ フ
ャ 活 ム カ レ ー 苦 い コ ー パ ン み ェ
書 パ ク ル 猟 ジ 法 り リャ 書 芸 シ み ン
動 物 影 ダ ン 編 釣 イ ア 魔 プ ジ み ネ
ハ ー 猟 モ 編 ダ サ ラン シ ョ ウ ガ ル
ク 編 ダ ン 真 シ フ ラ ダ ナ 品 撮 品 真
興 猟 編 陶 猟 ナ ラ ェ ー ツ 魔 ゲ シ 物
ク ロ ー ブ ニ モ ン び ヌ メ ゲ ク 興 ャ
リ 品 ク ク ミ ン 味 ラ パ グ 園 甘 玉 イ
法 ゼ ン イ ム ア ニ ス プ プ リ い 葱 ハ
ラ 味 ン バ ニ ラ 園 ク 動 読 リ ー び び
ラ プ ゼ 陶 書 ン ン 書 真 書 ク カ ク 興
狩 釣 編 ゼ グ ム 影 ャ 味 ム プ 影 ー シ
```

アニス	コリアンダー
苦い	クローブ
フェヌグリーク	ナツメグ
ショウガ	パプリカ
シナモン	サフラン
カルダモン	玉葱
カレー	バニラ
ニンニク	フェンネル
クミン	甘い

24 - Groenten

```
写 び キ キ イ レ 撮 茄 子 影 狩 オ 法 一
グ 味 活 ズ プ ル ャ か ぼ ち ゃ リ 影 魔
プ パ だ い こ ん 撮 喜 真 り イ ー リ 園
キ セ 芸 ダ ャ 撮 品 芸 写 レ ル ブ び 物
に リ び 玉 絵 ほ ズ レ 興 ラ カ 味 真 レ
ん ン 読 葱 画 う ニ キ 画 セ ブ 活 活 ク
じ 活 ー シ 撮 れ ン 活 法 ム ロ 真 編 釣
ん 狩 グ ョ 猟 ん ニ り ル キ ッ リ マ ト
エ キ ュ ウ リ 草 ク ゼ キ ノ コ り び び
シ ン 狩 ガ 読 ダ グ ム リ 品 リ び ク グ
ャ み ド 活 ア ー ティ チョー ク プ ダ 品
ロ エ 画 ウ 陶 喜 書 狩 ラ 芸 ダ 興
ッ 品 ル 狩 サ ラ ダ 物 読 レ ル 物 ャ
ト 喜 ャ ハ ャ 猟 物 影 活 読 シ ム プ 画
```

アーティチョーク	かぼちゃ
茄子	カブ
ブロッコリー	だいこん
エンドウ	サラダ
ショウガ	セロリ
ニンニク	エシャロット
キュウリ	ほうれん草
オリーブ	トマト
キノコ	玉葱
パセリ	にんじん

25 - Dans

法	園	狩	ム	芸	パ	み	ア	動	き	動	画	品	撮
ク	ラ	シ	ッ	ク	活	み	ー	カ	味	リ	ハ	ル	ン
文	化	シ	読	芸	編	リ	ト	陶	デ	プ	写	興	ラ
真	喜	ラ	エ	エ	パ	芸	ル	り	喜	ミ	パ	エ	ム
リ	グ	味	ク	パ	リ	み	感	情	音	楽	ー	ラ	活
撮	ビ	ゃ	絵	書	興	ゼ	陶	狩	ゲ	グ	ト	狩	ム
レ	ジ	ゲ	書	シ	レ	パ	写	ー	キ	ン	ナ	ン	書
ル	ュ	ク	書	活	リ	ラ	り	エ	振	エ	ー	体	編
ラ	ア	ク	写	り	ハ	ズ	グ	画	り	パ	動	狩	ゼ
編	ル	伝	真	ゼ	ー	ー	ム	リ	付	ジ	真	シ	ン
パ	ジ	ラ	統	絵	サ	ゼ	撮	姿	け	動	編	ン	陶
興	活	ゃ	釣	的	ル	ズ	法	勢	ー	品	リ	ゲ	芸
ル	ゲ	魔	プ	物	エ	ル	魔	ク	ハ	シ	ャ	ン	ー
書	ゼ	表	現	力	豊	か	な	り	真	物	ダ	芸	撮

アカデミー　　　　　アート
動き　　　　　　　　音楽
振り付け　　　　　　パートナー
文化　　　　　　　　リハーサル
感情　　　　　　　　リズム
表現力豊かな　　　　伝統的
姿勢　　　　　　　　ビジュアル
クラシック

26 - Sport

```
パ 物 野 ハ 味 ホ ア 喜 ダ キ ャ バ ャ 品
プ リ レ 球 画 ッ ス タ ジ ア ム ス 動 物
芸 興 絵 ル 画 ケ リ エ ハ 喜 ダ ケ シ ク
ジ 勝 者 ャ キ ー ー ゴ ル フ 陶 ッ ゼ チ
ム み 園 び 狩 影 ト 編 ン ン キ ト 自 ャ
喜 活 キ レ 読 魔 品 影 レ ハ 狩 ボ 転 ン
園 影 ゲ コ 法 芸 ジ 釣 物 シ 狩 ー 車 ピ
活 プ レ ー ヤ ー 審 判 動 キ プ ル レ オ
チ 動 り チ ム シ プ ハ ク レ 影 法 園 ン
ハ ー 撮 魔 ー ー イ り 猟 撮 み ク 喜 シ
真 法 ム ズ 興 ク ズ 法 動 キ 影 ラ リ ッ
活 ズ ー ク 法 テ 品 狩 き ル 体 育 館 プ
ジ 陶 釣 影 ル ニ 絵 ダ 読 動 操 真 物 ゲ
レ ジ グ 物 レ ス 釣 書 活 真 陶 レ 魔 狩
```

アスリート	チャンピオンシップ
バスケットボール	審判
動き	ゲーム
自転車	プレーヤー
ゴルフ	スタジアム
体育館	チーム
体操	テニス
ホッケー	コーチ
野球	勝者

27 - Mythologie

動	真	ラ	読	ハ	ラ	芸	プ	動	嫉	物	ハ	ジ	魔
稲	ル	ビ	リ	狩	シ	書	ル	ャ	妬	モ	活	ダ	プ
狩	妻	リ	プ	み	園	書	イ	読	ー	ン	ラ	グ	ゲ
レ	釣	ン	作	ャ	ル	ハ	ズ	イ	ラ	ス	グ	り	ヒ
園	猟	ス	イ	成	魔	喜	芸	陶	書	タ	ャ	ク	ロ
モ	ー	タ	ル	生	ク	狩	書	釣	ヒ	ー	ロ	ー	イ
影	ル	レ	グ	き	画	芸	文	化	シ	猟	ー	ゲ	ン
釣	雷	法	園	物	ム	編	動	法	キ	ク	パ	ャ	法
プ	撮	行	動	プ	グ	撮	イ	読	り	伝	ー	天	芸
園	び	プ	編	釣	芸	グ	ン	災	害	説	キ	国	書
プ	ン	ー	陶	喜	喜	ハ	キ	ゲ	書	興	戦	士	ャ
品	プ	撮	パ	芸	狩	イ	パ	レ	キ	ゼ	不	死	陶
釣	レ	グ	ゼ	強	撮	味	喜	ル	喜	芸	み	活	イ
原	型	復	讐	ク	さ	興	ク	動	パ	ク	イ	絵	り

原型	強さ
稲妻	戦士
作成	伝説
文化	モンスター
ラビリンス	不死
行動	災害
ヒーロー	モータル
ヒロイン	生き物
天国	復讐
嫉妬	

ラ	品	キ	び	読	品	バ	魔	ス	ー	猟	シ	法	写
砂	糖	法	ル	ゲ	り	ジ	ュ	ー	ス	ツ	ナ	ク	活
味	り	動	陶	動	園	ル	ジ	プ	写	活	モ	シ	撮
サ	ラ	ダ	イ	レ	物	ハ	撮	活	動	ハ	ン	ミ	法
イ	興	パ	釣	リ	絵	法	キ	読	シ	シ	真	ル	ン
味	芸	ダ	編	動	ア	リ	び	猟	ン	ル	ク	読	
書	ル	ン	り	書	プ	ズ	り	読	ー	レ	活	猟	影
品	ム	撮	み	パ	リ	玉	塩	喜	ゼ	梨	活	ー	ン
イ	品	シ	ク	ン	コ	葱	レ	エ	ー	ジ	ル	園	動
オ	ニ	び	ほ	物	ッ	影	ゼ	園	ラ	ズ	撮	リ	陶
オ	ン	撮	撮	う	ト	に	ん	じ	ん	ズ	レ	苺	レ
ム	ニ	ャ	リ	釣	れ	肉	ン	ク	読	レ	落	モ	影
ギ	ク	絵	プ	画	ル	ん	品	り	エ	グ	イ	花	ン
ジ	ハ	エ	み	エ	影	パ	草	イ	キ	エ	レ	エ	生

アプリコット	サラダ
バジル	ジュース
レモン	スープ
オオムギ	ほうれん草
シナモン	砂糖
ニンニク	ツナ
ミルク	玉葱
落花生	にんじん

29 - Avontuur

ン	キ	ナ	準	困	難	レ	ラ	び	み	興	ハ	ゲ
自	喜	編	ビ	備	釣	リ	り	画	影	リ	味	イ	陶
然	画	遠	ラ	ゲ	書	狩	ル	絵	勇	気	味	編	び
味	み	足	ャ	グ	ー	真	真	写	ン	魔	ク	ン	興
ゲ	ズ	び	び	読	グ	シ	イ	編	書	行	新	読	興
り	品	ハ	ン	画	味	安	ョ	ラ	読	き	着	ゼ	ル
グ	び	シ	狩	活	品	全	物	ン	熱	先	ク	絵	珍
り	編	ゲ	法	喜	び	性	園	プ	意	プ	魔	ゼ	し
ハ	ャ	活	書	魔	ャ	喜	活	キ	ゲ	法	動	レ	い
画	友	ン	ン	ジ	キ	動	動	物	園	ル	キ	ズ	み
危	達	シ	ジ	ラ	ク	み	活	ゼ	レ	課	ル	ク	美
険	興	書	ル	ム	品	工	法	ク	読	リ	題	リ	し
な	チ	ャ	ン	ス	ャ	魔	イ	シ	動	ゲ	旅	程	さ
ャ	み	グ	プ	ム	ダ	猟	絵	動	陶	パ	編	り	法

活動　　　　　新着
行き先　　　　珍しい
熱意　　　　　旅程
遠足　　　　　美しさ
危険な　　　　課題
チャンス　　　安全性
勇気　　　　　準備
困難　　　　　喜び
自然　　　　　友達
ナビゲーション

30 - Circus

```
猟 影 ア シ 園 読 ン ー 観 ク チ 猿 パ ク
活 壮 ク キ ゲ 音 書 絵 客 写 味 ケ 釣 テ
ク 観 ロ み 猟 楽 釣 活 狩 真 ダ 物 ッ ン
パ な バ ゲ 芸 エ 喜 動 ジ エ ラ ク 絵 ト
レ ゼ ッ 写 物 ャ パ キ ジ 喜 レ り ク 書
ー 釣 ト び ピ 画 動 物 ャ 撮 真 プ 象 エ
ド エ 影 喜 絵 エ 画 み グ 動 パ 絵 エ ゼ
コ ス チ ュ ー ム ロ 風 ラ 狩 陶 ク 画 キ
味 レ イ 猟 法 シ 虎 船 ー ダ ル イ 魔 法
シ 絵 動 ー 興 キ ゲ 味 ゼ ト リ ッ ク 喜
ダ ル ー 動 活 キ 活 ハ ジ ジ ル パ ラ レ
影 エ エ ラ イ オ ン り 法 み ラ み リ シ
狩 読 ゼ 興 エ 陶 画 ラ 陶 エ 興 エ エ 物
ハ イ 魔 パ 魔 グ 物 イ 写 猟 レ ゲ 読 活
```

アクロバット	魔法
風船	音楽
ピエロ	パレード
動物	壮観な
ジャグラー	テント
チケット	観客
コスチューム	トリック
ライオン	

31 - Restaurant #2

クー ル ル サ み ハ ケ グ 真 読 イ リ 喜
絵 ズ レ ダ ラ プ 魔 ズ ー ス パ イ ス 物
リ 活 撮 び ダ 椅 ズ ク ム キ 活 ス プ 物
味 撮 画 影 影 子 ク 園 物 釣 飲 ー ー 編
ズ 狩 活 影 編 ハ 陶 ジャ プ 料 プ ン ク
物 撮 絵 リ ム ラ レャ 活 物 動 グ 芸 園
画 グ 活 書 ル ダ 法 塩 パ ン 活 プ リ グ
ダ 水 ハ 真 園 り 読 ジ リ ゼ 活 ウ ズ ハ
動 喜 味 釣 ク び 品 ズ 園 ズ 陶 ェ プ 画
ダ 書 ラ ン チ 美 ゲ 麺 撮 フ 法 イ 法 び
フ ル ー ツ 狩 味 写 ム 絵 り ォ タ 品 撮
園 み 猟 画 シ し エ 編 ズ 狩 タ ー 芸 物
陶 品 リャ 野 い ル 園 釣 卵 食 ジ ク 画
ャ ク り 品 菜 ム 園 動 ラ ゲ 氷 魚 イ ズ

ケーキ	ランチ
夕食	ウェイター
飲料	サラダ
フルーツ	スープ
野菜	スパイス
美味しい	椅子
スプーン	フォーク

32 - Bijen

```
法 シ 園 食 生 態 系 ル 陶 有 ズ ゲ 活 影
多 影 ラ イ ベ 物 ジ み 植 益 ズ ン ハ グ
様 ズ ハ り 書 物 味 画 物 シ 撮 グ イ り
性 ャ 影 プ 花 味 陶 巣 箱 書 法 ダ 読 釣
昆 虫 イ 法 シ フ ル 喜 群 れ り ル ム ャ
グ ゼ 太 陽 園 ゲ ル 狩 グ ー ル エ 読 読
プ キ 花 粉 媒 介 者 ー レ 猟 写 品 り ャ
猟 煙 法 品 ル 編 ゼ 花 ツ 狩 影 蜂 キ 動
真 ハ 女 園 園 品 エ 粉 り 画 狩 蜜 画 グ
び 物 王 影 動 ゼ エ ム 喜 狩 生 エ 翼 レ
ワ ッ ク ス ゼ 喜 読 狩 キ プ 息 ル ー 庭
ゼ 興 り ゲ 芸 喜 編 真 ル イ 地 芸 活 影
ジ び 絵 ャ 狩 陶 編 び ャ 写 釣 ズ 芸 ハ
レ 興 影 陶 エ び ン 画 影 味 グ 魔 グ 興
```

花粉媒介者	女王
巣箱	植物
多様性	花粉
生態系	食べ物
フルーツ	有益
生息地	ワックス
蜂蜜	太陽
昆虫	群れ

33 - School #1

芸 猫 レ 友 画 ア ム 猟 写 興 教 撮 レ 写
ム ダ 狩 達 ン 釣 ル ダ ン ダ 室 ダ キ 楽
魔 み 影 ゲ 品 グ 影 フ レ 紙 試 キ 撮 し
釣 ズ 先 生 ク イ ズ ォ ァ ジ 験 数 興 い
書 籍 撮 喜 び み リ ル ズ ベ 学 陶 レ
図 書 館 撮 書 ゲ 編 ダ エ 法 ッ 読 釣 物
活 プ み リ パ ム マ ー カ ー エ ト ダ ラ
書 画 ズ 狩 味 ジ ク ム 興 イ み り 園 興
興 ラ 活 ハ 机 ル 真 答 ジ リ エ 興 ラ 真
ズ 味 リ パ ク 狩 園 写 え 読 画 学 ン 狩
撮 ペ ン 椅 子 ゲ イ 写 物 び 芸 ぶ チ 興
真 グ 法 法 ャ ク パ ラ り 興 ム た ク 編
ム 真 絵 プ 動 み 編 ク エ レ 味 め び 動
品 画 ゼ 芸 エ 喜 喜 画 影 鉛 筆 に 猫 ダ

アルファベット	フォルダー
答え	マーカー
図書館	ペン
書籍	楽しい
試験	鉛筆
教室	クイズ
先生	椅子
学ぶために	友達
ランチ	数学

34 - Wandelen

オ	喜	味	芸	一	石	編	猟	動	喜	山	魔	ン	イ
リ	疲	陶	ズ	み	釣	ル	り	パ	ム	プ	ク	法	り
エ	れ	エ	撮	撮	釣	画	シ	狩	物	キ	レ	崖	エ
ン	た	動	キ	真	ゲ	イ	陶	真	品	工	猟	エ	物
テ	真	真	び	ャ	魔	パ	水	太	陽	編	読	レ	法
ー	エ	陶	ダ	ク	ン	ジ	喜	品	ム	公	物	ー	影
シ	ズ	ン	釣	味	み	プ	物	ル	写	園	法	物	ゼ
ョ	興	パ	ゼ	活	蚊	活	猟	キ	自	ハ	喜	物	サ
ン	興	イ	読	編	ー	パ	ー	み	然	エ	法	ズ	ミ
パ	重	ー	魔	猟	ブ	ー	ツ	リ	ン	グ	法	エ	ッ
天	い	リ	ゼ	ハ	絵	動	物	地	図	ハ	ク	レ	ト
気	候	影	真	ゲ	芸	み	ン	野	生	ル	ジ	ズ	物
魔	活	ダ	キ	ム	プ	園	陶	準	魔	活	絵	ハ	レ
エ	ク	芸	陶	ハ	キ	興	活	ダ	備	陶	ム	シ	レ

動物
地図
キャンプ
気候
ブーツ
疲れた
自然
オリエンテーション

公園
サミット
準備
天気
野生
太陽
重い

35 - Ecologie

グ	ル	活	コ	撮	ラ	グ	書	マ	イ	法	影	多	ム
ロ	真	影	味	ミ	ャ	プ	陶	ー	プ	ャ	プ	様	ャ
ー	ム	ズ	ナ	チ	ュ	ラ	ル	シ	園	真	動	性	旱
バ	狩	レ	ル	自	然	ニ	リ	ュ	ゼ	狩	興	ジ	魃
ル	ゲ	真	パ	動	ゼ	ゲ	テ	み	読	ズ	ゲ	生	存
編	マ	ク	品	物	種	ハ	真	ィ	キ	植	物	グ	園
キ	エ	リ	ズ	相	ャ	釣	動	魔	動	生	リ	パ	ー
み	写	喜	ン	持	ボ	ラ	ン	ティ	ア	リ	グ	エ
品	ー	釣	芸	続	喜	み	シ	ダ	動	ー	山	イ	編
魔	写	編	魔	可	み	リ	グ	魔	み	キ	気	写	品
ク	ハ	真	み	能	り	ジ	撮	キ	ラ	シ	み	候	写
ク	シ	フ	ロ	ー	ラ	グ	法	魔	ズ	シ	写	ダ	味
り	陶	パ	リ	エ	ズ	絵	魔	法	芸	法	ャ	エ	ハ
び	画	書	イ	レ	ム	レ	ハ	芸	び	生	息	地	法

多様性   マリン
旱魃   マーシュ
持続可能   自然
動物相   ナチュラル
フローラ   生存
コミュニティ   植物
グローバル   植生
生息地   ボランティア
気候

36 - Installaties

物リレ法画パリムハ喜陶活動ャ
ラびムイ芸イ真魔り法喜び ゼク
ブッシュハーブ撮陶植品肥活木
ラーパ編根イ苔撮レ画生料花
読ダラリ芸園芸法レフ狩陶植
ズ興リ魔ラルルパレクロジ釣ジ物
プャ画シイ育豆ベリー園魔パ学
興園蔦竹サっパイーラ真魔狩真
ゲエ画庭ボ読ンル読書興ルパ編影
ズャ釣リテムびン画書ダ品パジ書
絵興法編ン釣ダシ狩ゼ法イジゼグ
シクパム編撮プ法りみ興ゼ写
み撮森リンゼルゲシ魔ダ園法物
法りズイル葉ーレレ草プズ物写

ベリー	肥料
サボテン	植物学
フローラ	ブッシュ
育つ	植生
ハーブ	

37 - School #2

ン	図	ア	物	撮	キ	教	辞	書	活	ジ	動	陶	シ
画	び	書	カ	魔	キ	科	育	シ	物	魔	読	び	は
園	園	写	館	デ	法	学	猟	法	カ	書	ハ	魔	さ
狩	バ	ス	文	学	ミ	画	数	ン	レ	ハ	狩	撮	み
興	ッ	レ	法	レ	プ	ッ	学	イ	ン	エ	び	喜	み
喜	ク	陶	芸	味	ダ	レ	ク	ラ	ダ	書	写	陶	プ
絵	パ	読	猟	ン	ン	芸	魔	ゼ	ー	レ	狩	物	コ
り	ッ	ラ	品	レ	法	先	生	ゼ	味	猟	魔	ハ	ン
法	ク	エ	鉛	ズ	ー	味	ハ	エ	動	味	喜	ハ	ピ
ジ	影	影	筆	レ	陶	興	活	紙	釣	ペ	物	宿	ュ
パ	エ	ン	法	パ	品	週	ゲ	法	リ	ン	ク	題	ー
ハ	シ	芸	み	動	真	末	ジ	影	ジ	靴	影	狩	タ
ラ	ン	絵	撮	画	品	イ	ゼ	編	ジ	味	興	エ	撮
興	ャ	ダ	味	り	ゃ	み	ン	み	園	芸	狩	ダ	撮

アカデミック	教育
図書館	ペン
バス	鉛筆
コンピュータ	バックパック
文法	はさみ
宿題	週末
カレンダー	科学
先生	数学
文学	辞書

書	写	読	ム	ダ	う	ス	ハ	エ	活	ル	書	イ	藻
た	こ	ル	リ	味	な	パ	イ	影	猟	興	び	シ	プ
ン	猟	ボ	ー	ト	ぎ	ン	塩	撮	影	ク	イ	ゼ	ゼ
動	写	ン	フ	活	ク	ジ	び	り	ダ	グ	画	活	エ
び	ン	潮	ク	陶	リ	ツ	芸	釣	ム	ラ	陶	ク	ゼ
撮	ラ	汐	動	猟	真	ナ	芸	レ	グ	ク	ャ	ク	エ
鯨	パ	ハ	読	写	編	ダ	編	影	猟	パ	イ	ゼ	興
ズ	び	魔	画	ャ	芸	読	真	ン	グ	動	コ	影	ズ
興	プ	ン	影	活	撮	プ	び	ゲ	編	グ	ー	レ	パ
撮	魔	品	エ	編	リ	嵐	み	キ	ク	読	ラ	ー	ラ
物	書	魚	鮫	ビ	リ	ャ	狩	真	芸	イ	ル	カ	ニ
ル	カ	リ	画	真	ハ	画	写	び	画	読	画	キ	編
釣	メ	園	プ	シ	ク	ラ	ゲ	ハ	釣	編	物	ー	味
真	ル	レ	影	陶	品	プ	パ	動	ム	レ	園	ハ	法

うなぎ	クラゲ
ボート	たこ
イルカ	カキ
エビ	リーフ
潮汐	カメ
コーラル	スポンジ
カニ	ツナ

39 - Landen #2

デ	ン	マ	ー	ク	ー	ャ	エ	撮	ソ	品	品	猟	物
猟	ズ	レ	イ	イ	真	編	動	プ	マ	び	ゼ	喜	画
エ	り	ー	び	ン	ダ	レ	り	絵	リ	ネ	パ	ー	ル
魔	狩	シ	ク	陶	ド	ズ	ロ	シ	ア	絵	び	活	喜
ケ	ニ	ア	ダ	園	画	ネ	興	シ	魔	エ	グ	び	ン
ナ	イ	ジ	ェ	リ	ア	レ	シ	リ	ベ	リ	ア	メ	物
ギ	リ	シ	ャ	ク	イ	読	み	ア	影	狩	ム	キ	画
ル	ダ	み	日	本	ル	レ	エ	ル	ジ	猟	み	シ	レ
ウ	ウ	動	ジ	ゲ	ラ	ン	ノ	チ	活	撮	書	味	コグ
書	ク	ガ	イ	り	ン	ノ	オ	ゲ	ャ	ゼ	動	ゼ	プ
ゼ	フ	ラ	ン	ス	ド	ン	ピ	撮	画	撮	書	品	写
興	ク	オ	イ	ダ	ラ	び	ア	グ	ム	喜	シ	リ	動
芸	絵	ス	興	ナ	ャ	パ	法	興	魔	法	ム	陶	動
ジ	ル	エ	み	撮	ジ	写	ズ	ズ	陶	ハ	魔	み	影

デンマーク	リベリア
エチオピア	マレーシア
フランス	メキシコ
ギリシャ	ネパール
アイルランド	ナイジェリア
インドネシア	ウガンダ
日本	ウクライナ
ケニア	ロシア
ラオス	ソマリア
レバノン	シリア

40 - Bloemen

び	活	ひ	ー	ラ	喜	グ	写	書	シ	ゲ	物	絵	ム
陶	花	ま	喜	イ	イ	ラ	ク	書	物	ャ	エ	ズ	影
芸	束	わ	ー	ラ	陶	喜	ポ	ン	チ	猟	読	エ	喜
プ	デ	り	エ	ッ	釣	書	活	ピ	ュ	ク	チ	ナ	シ
ハ	ル	イ	編	ク	ラ	ベ	ン	ダ	ー	法	真	マ	ラ
絵	み	メ	ジ	ジ	猟	真	エ	ク	リ	花	ハ	グ	書
撮	ジ	物	リ	ー	百	合	芸	ル	ッ	弁	イ	ノ	書
タ	ン	ポ	ポ	ア	ラ	蘭	シ	エ	プ	狩	ビ	リ	陶
リ	パ	影	イ	園	ル	エ	ル	読	イ	物	ス	ア	猟
グ	ズ	陶	編	ゲ	ト	牡	丹	ジ	芸	画	カ	魔	ク
び	エ	真	り	魔	ケ	法	ゲ	ャ	ム	ラ	ス	影	ダ
ダ	ン	喜	プ	読	イ	プ	シ	ス	ジ	物	り	ン	味
ン	編	喜	ゲ	撮	ソ	園	法	ミ	ャ	味	パ	芸	プ
エ	芸	り	ゲ	撮	シ	ウ	ズ	味	ン	ク	ロ	ー	バ
絵	動	陶	撮	シ	ウ	ズ	味	ン	ク	ロ	ー	バ	ー

花弁	デイジー
花束	マグノリア
クチナシ	タンポポ
ハイビスカス	ポピー
ジャスミン	トケイソウ
クローバー	牡丹
ラベンダー	プルメリア
百合	チューリップ
ライラック	ひまわり

41 - Huisdieren

書 ハ 画 キ ク ヤ 活 ル 影 ム 園 絵 獣 喜
品 画 芸 グ プ 物 ギ 書 物 猟 パ 子 医 ズ
リ 味 味 レ ハ 真 ン ー ダ ー 絵 猫 犬 リ
ハ 影 法 狩 猫 キ ラ み 陶 味 ハ シ 絵 り
猟 釣 ム 喜 ム ー 絵 ン み 影 物 牛 猟 狩
猟 キ グ 動 猫 狩 み 食 べ 物 撮 撮 興 興
プ ズ 魔 リ 画 ー み グ ズ 釣 ラ 狩 撮 物
ズ 尾 ね 活 活 ズ ズ 魚 襟 活 ン ク ジ 味
興 ル ず 猟 リ 喜 陶 ト み オ 真 喜 読 絵
味 写 み 真 ハ 品 足 カ メ ウ シ ゲ 魔 工
編 魔 編 興 ジ 狩 編 ゲ ハ ム ス タ ー 書
読 興 園 芸 グ 陶 狩 う パ 読 ジ 猟 真 撮
シ 法 ズ 水 読 ム り さ 釣 猟 絵 喜 喜 ー
爪 狩 ゼ ル ー ゼ ー ぎ ム ジ 魔 パ ゲ 味

獣医	ねずみ
ヤギ	オウム
トカゲ	子犬
ハムスター	カメ
子猫	食べ物
うさぎ	

海	洋	興	活	火	絵	興	沼	ズ	ジ	動	ダ	氷	山
び	ー	パ	狩	山	イ	エ	陶	芸	興	絵	陶	河	ジ
湖	り	味	陶	読	川	ズ	活	ゼ	ゼ	魔	ラ	レ	物
陶	エ	み	ジ	エ	猟	絵	ゼ	グ	丘	芸	真	み	パ
ク	写	ム	シ	ゲ	ズ	パ	み	半	島	間	欠	泉	写
狩	ゼ	砂	ル	影	法	ズ	ジ	キ	ジ	ズ	影	釣	り
グ	谷	漠	法	編	ゼ	動	活	陶	ー	芸	影	レ	ャ
ル	ゲ	島	法	影	り	プ	撮	活	狩	真	物	撮	滝
ハ	び	パ	園	ダ	物	ル	洞	喜	み	絵	猟	写	真
ビ	ー	チ	オ	ア	シ	ス	窟	ー	ツ	ン	ド	ラ	び
パ	イ	ム	り	ダ	釣	画	影	編	ク	り	り	撮	動
釣	ル	み	ン	影	レ	ダ	エ	撮	プ	レ	読	び	み
ダ	ズ	リ	動	ク	り	書	レ	ャ	イ	ー	猟	写	動
り	イ	リ	グ	陶	影	釣	び	書	魔	ラ	撮	レ	法

間欠泉　　　　　　半島
氷河　　　　　　　ビーチ
洞窟　　　　　　　ツンドラ
氷山　　　　　　　火山
オアシス　　　　　砂漠
海洋

43 - Tuin

書 ベ 園 魔 ズ ハ ン モ ッ ク 影 書 花 み
釣 ン シ ャ ベ ル キ 岩 ポ ル み 動 ム ラ
動 チ ゲ ラ ン 味 ム ラ ホ ー ス 狩 オ ー
読 プ 味 み グ 画 喜 キ ル 絵 チ ト ー 芸
品 写 法 芸 レ ゼ 編 ャ 影 法 ハ ラ ム 品
ゲ ン 熊 手 テ ラ ス 真 雑 草 品 ン チ 真
ル 喜 編 狩 猟 動 ブ ッ シ ュ 撮 ポ ー 絵
釣 ム 釣 レ 釣 パ 絵 ム 品 影 ゲ リ ド み
喜 編 ガ 味 ズ 読 画 写 味 影 エ ン 猟 み
興 レ レ 品 ン 芸 写 真 絵 書 イ り 法 シ
興 味 ー パ 芝 真 フ ゼ プ ー ハ み ハ ム
釣 画 ジ 物 木 生 喜 ェ ー シ ク プ 書 撮
ン 画 法 レ 池 ダ 味 動 ン 法 影 ム シ ル
ジ ハ エ ル 庭 影 影 キ 陶 ス 陶 ラ 品 パ

ベンチ	雑草
オーチャード	シャベル
ガレージ	ホース
芝生	ブッシュ
ハンモック	テラス
熊手	トランポリン
フェンス	ポーチ

44 - Beroepen #2

写	リ	エ	ン	ジ	ニ	ア	言	語	学	者	味	ラ	歯
真	画	影	写	ジ	ャ	ズ	先	味	生	物	学	者	医
家	ハ	キ	ハ	真	法	ー	生	撮	ハ	狩	発	明	者
陶	画	シ	動	法	ル	法	ナ	編	レ	ズ	レ	エ	撮
宇	宙	飛	行	士	ン	釣	シ	リ	活	ム	芸	ゲ	活
レ	ゼ	陶	釣	写	キ	ズ	イ	ル	ス	レ	プ	庭	書
陶	司	喜	芸	哲	動	パ	イ	ロ	ッ	ト	農	師	ン
り	書	魔	ゲ	エ	学	エ	ラ	ル	動	画	家	影	り
喜	芸	画	真	研	究	者	ス	釣	ジ	ン	狩	み	写
ン	影	家	リ	外	び	喜	ト	プ	真	グ	猟	グ	ジ
ゲ	プ	ダ	書	科	ャ	編	レ	活	パ	イ	プ	プ	ジ
ラ	影	ャ	グ	医	師	芸	ー	ゲ	編	び	探	写	シ
猟	ラ	ー	ム	パ	編	ャ	タ	猟	魔	物	イ	偵	芸
ゼ	絵	ラ	び	ダ	ャ	ン	ー	ジ	陶	レ	ク	エ	ク

医師	エンジニア
宇宙飛行士	ジャーナリスト
司書	先生
生物学者	言語学者
農家	研究者
外科医	パイロット
探偵	画家
哲学者	歯医者
写真家	庭師
イラストレーター	発明者

45 - Dagen en Maanden

```
木 八 月 セ シ 釣 ャ エ イ プ リ ル 週 一
金 曜 日 プ 法 法 撮 エ 狩 ャ 画 釣 編 活
び 影 日 テ ゲ 水 キ 品 芸 ム イ ク ャ ャ
ャ ン ム ン 火 曜 日 レ び ダ 読 り ラ 狩
ゼ 絵 物 バ 読 日 土 ラ ン 読 イ 真 芸 ム
喜 パ ダ ー ク プ ー 曜 猟 ダ 日 リ 七 パ
ゲ 活 グ レ 物 園 五 月 日 レ 曜 六 月 魔
月 ル 喜 ク レ レ び プ 二 月 日 影 エ グ
曜 キ 猟 活 シ リ 真 釣 グ 芸 魔 十 写 読
日 狩 ン 動 カ レ ン ダ ー 魔 画 一 法 り
行 進 ゲ 園 写 ゲ 喜 ル ム 園 ダ 月 シ ハ
ズ ム エ ダ 芸 猟 び ャ ン み り り シ ラ
リ ゼ ー 読 み ラ 陶 興 猟 ズ ル ー 芸 シ
園 物 一 年 ャ 活 撮 喜 一 写 シ リ 物 パ
```

エイプリル	月曜日
八月	行進
火曜日	十一月
木曜日	セプテンバー
二月	金曜日
七月	水曜日
六月	土曜日
カレンダー	日曜日
五月	

46 - Beeldende Kunsten

```
撮 ア 興 ダ り リ ム ポ ャ 画 ム ゼ プ 読
チ ョ ー ク 味 ズ 画 園 ー リ 炭 真 シ 絵
グ 撮 絵 テ 品 ワ ッ ク ス ト イ ー ゼ ル
鉛 筆 味 キ ィ ニ 撮 グ 書 彫 レ 書 ャ り
書 び 味 園 書 ス エ 活 ダ 刻 法 ー み 活
構 成 プ び 写 真 ト 写 ゼ 撮 キ り ト シ
グ 創 ゼ 真 ゼ 活 パ 動 絵 画 喜 読 魔 び
影 猟 造 書 パ ゼ 画 映 画 ー り 興 影 写
活 動 真 性 真 み ハ 喜 ャ ゼ ダ 魔 絵 び
ゲ エ パ 味 物 読 園 陶 ジ パ 影 物 品 ゼ
真 り イ 建 築 粘 土 撮 パ 興 物 ク 画 グ
り 釣 魔 活 パ 魔 ジ 陶 喜 ン ペ 編 び ル
ズ 撮 ジ ハ レ ハ 品 ラ ス テ ン シ ル 芸
ム イ ャ 喜 パ ー ス ペ ク テ ィ ブ 傑 作
```

建築   ペン
アーティスト   パースペクティブ
彫刻   ポートレート
創造性   鉛筆
イーゼル   構成
映画   絵画
写真   ステンシル
粘土   ワニス
チョーク   ワックス
傑作

47 - Menselijk Lichaam

目真ク興ゼ顎ハリラ興り狩ャ興
血ロャ興プクルゲ興足画喜イー
狩魔読編活キム味ク猟ーム肌エ
シ陶びャゼ影画活画イラキ影シ
撮ゲ編ラりり心臓法動ム編ハリ
狩肩ララプ動撮陶リ真真編足首
イ画活撮ゲ撮ダラ興グび魔品猟
編首動キ耳み膝品喜釣絵ャー鼻
指撮ャレハ品リパ味活喜プグ釣
物ゲり芸レリ絵魔ゲ撮絵味写ャ
ハ肘みラシ撮魔画活グ芸パ撮胃
脳物イりジハムグ影味ダ読法写
撮ハ写イゲリ読手興ズ頭狩クャ
物ム魔舌ジみャ芸ーパムグー真

足首　　　　　　　　　心臓

48 - Familie

```
物 狩 活 真 ャ グ び ル 書 画 猟 真 画 ル
編 パ リ グ 読 叔 動 ャ 絵 父 方 の 叔 プ
み み パ 書 撮 父 娘 写 お ゲ ン ゼ 母 絵
影 写 ゲ 喜 エ 夫 パ リ ば 法 動 ズ 品 孫
ク 物 プ ジ リ ー 活 ー あ 子 供 書 レ 陶
書 ー 興 品 グ ム キ エ ち 供 ジ レ 猟 キ
リ 芸 品 キ プ イ ク ハ ゃ 達 子 供 の 頃
キ び 書 物 ゼ 写 ゲ パ ん 子 ム ゲ 影 ン
法 び ク リ ゼ 双 レ 物 ジ ズ グ 姉 ジ 味
味 品 狩 真 り 子 読 書 ラ 品 ャ 妹 ン イ
書 品 物 動 シ び り パ 園 姪 ク り ー ダ
祖 先 撮 プ ズ ハ び ダ み ゲ ャ 興 味 ル
父 ン キ イ ル 陶 読 物 写 み 園 喜 動 編
ム 動 ク 喜 陶 編 妻 書 甥 兄 弟 ン 味 物
```

兄弟	祖父
おばあちゃん	叔母
子供の頃	双子
子供	父方の
子供達	祖先
叔父	姉妹

ホ	釣	絵	書	リ	芸	園	釣	猟	プ	書	ハ	書	真
味	テ	画	り	釣	ハ	ゼ	陶	編	画	キ	撮	影	シ
グ	猟	ル	劇	興	影	テ	ン	ト	み	影	ム	ゼ	書
び	法	芸	場	魔	動	猟	大	り	博	イ	キ	パ	影
病	院	写	品	猟	キ	ゼ	学	使	物	ゲ	ラ	ア	エ
ク	ジ	ジ	芸	工	書	陶	パ	ク	館	ー	城	パ	ム
法	み	ス	タ	ジ	ア	ム	撮	ジ	ル	キ	法	ー	陶
影	ラ	絵	ダ	グ	ゼ	書	ゼ	み	キ	ゼ	ャ	ト	狩
喜	シ	び	品	動	ゲ	品	興	ク	真	納	書	ビ	法
ゲ	ャ	写	品	シ	ネ	マ	研	究	室	屋	ダ	ク	ン
ジ	学	校	ス	ー	パ	ー	マ	ー	ケ	ッ	ト	ジ	ハ
農	ズ	み	活	タ	味	撮	一	魔	シ	工	園	ャ	ズ
場	み	物	陶	ワ	ズ	ム	真	工	場	り	絵	芸	エ
キ	キ	動	書	一	品	り	真	喜	天	文	台	物	猟

大使館	学校
アパート	納屋
シネマ	スタジアム
農場	スーパーマーケット
キャビン	テント
工場	劇場
ホテル	タワー
研究室	大学
博物館	病院
天文台	

50 - Kunst

品絵猟パ喜釣ダ書エゼムンム撮
ラ魔絵作成プ興法芸園興品ラズ
み彫刻ク芸影ダシ魔芸画イ品物
レリ品ャハレり物絵パール法真
ズ園シビジュアル画ゼス画一喜
パ品ン詩釣ルラ撮シ影パイ品釣
陶興ボダ表現ャ撮キンパイ喜一
レ撮ルび品レ法陶編絵イ正直活
イ書ズ繁グセアリ成びズ直件パ
釣写ク猟雑ラオジナルされ名書
法気芸編イミム個スプれた活法
絵分描影品ック写人プムジ読ゼ
撮狩くャ書クー的味リみイダ読
真影園ダパ撮プ法画ダ影ハ読イ

彫刻	個人的
繁雑	描く
作成	構成
正直	絵画
インスパイヤされた	シュルレアリスム
気分	シンボル
セラミック	表現
件名	ビジュアル
オリジナル	

51 - Beroepen #1

活	ハ	真	レ	猟	影	書	動	リ	獣	ジ	り	撮	ー
リ	ン	ャ	書	パ	撮	ズ	エ	ャ	活	医	者	薬	宝
写	タ	ダ	釣	真	写	喜	グ	物	影	み	リ	剤	石
踊	ー	キ	読	物	リ	撮	シ	エ	ャ	グ	み	師	商
狩	り	シ	撮	ダ	真	み	ダ	ダ	味	ダ	釣	絵	園
り	編	子	り	銀	行	家	弁	ピ	ア	ニ	ス	ト	真
ャ	プ	影	園	パ	撮	パ	護	り	ス	地	質	学	者
キ	編	ゼ	ン	編	絵	ン	士	び	リ	心	理	学	者
猟	釣	ク	編	味	ク	グ	キ	ー	ー	天	釣	ー	法
園	味	釣	ハ	狩	味	プ	ク	編	ト	文	味	エ	魔
味	リ	リ	絵	動	ダ	科	学	者	集	学	大	使	音
配	管	エ	陶	ゼ	み	地	図	製	作	者	エ	ル	楽
書	動	み	喜	シ	ン	ル	写	動	物	ハ	エ	書	家
物	シ	レ	法	看	護	婦	動	物	陶	ゲ	釣	法	興

弁護士	編集者
大使	地質学者
薬剤師	ハンター
天文学者	宝石商
アスリート	配管工
銀行家	音楽家
地図製作者	ピアニスト
踊り子	心理学者
獣医	看護婦
医者	科学者

52 - Kastelen

ク	陶	騎	宮	シ	ラ	狩	編	興	ク	書	真	レ	品
ラ	り	士	殿	ン	釣	猟	ジ	味	み	ル	ズ		
ウ	壁	ユ	ニ	コ	ー	ン	シ	ー	ル	ド	ラ	ゴ	ン
ン	法	読	ジ	活	撮	ジ	魔	ゼ	ダ	影	封	ク	品
味	物	品	書	ャ	喜	ョ	帝	ム	釣	ン	建	猟	猟
喜	狩	読	動	ン	プ	ン	狩	国	ノ	ー	ブ	ル	喜
キ	カ	釣	ク	編	味	ー	ー	イ	影	ズ	ク	画	ラ
魔	ゼ	タ	び	編	ャ	味	園	び	芸	釣	喜	園	品
王	朝	ワ	パ	ブ	芸	プ	写	み	ル	喜	ク	書	書
子	編	ー	馬	ル	キ	写	レ	撮	ム	ジ	イ	プ	喜
味	工	猟	ン	味	ト	活	魔	キ	ゼ	書	活	品	陶
ゲ	シ	エ	り	キ	ゲ	ン	書	ゼ	写	ャ	剣	り	興
ム	リ	法	狩	物	ズ	絵	ジ	画	リ	写	動	ダ	編
グ	真	ゼ	鎧	活	書	ゲ	書	王	女	ハ	ー	王	国

ドラゴン　　　　　　　クラウン
王朝　　　　　　　　　宮殿
ノーブル　　　　　　　王子
ユニコーン　　　　　　王女
封建　　　　　　　　　騎士
カタパルト　　　　　　帝国
ダンジョン　　　　　　シールド
王国　　　　　　　　　タワー

53 - Insecten

品 真 ム カ 活 パ ワ シ 法 リ 画 エ 品 影
イ ト ン ボ 活 ー ロ ン 狩 ハ グ 活 ゼ
芸 読 ク 物 影 キ ム ア 品 ノ ミ グ 興 ー
編 ン 陶 り み 蝶 リ リ ダ 魔 釣 魔 シ
シ パ ア 蜂 ス 蟻 プ 動 喜 味 蝉 撮 撮 品
ゴ キ ブ リ 蚊 ズ ラ び 陶 エ 味 パ シ ダ
芸 ジ ラ パ 物 エ メ ジ 芸 ン ャ パ 読 び
活 パ ム プ 魔 喜 撮 バ ー 蛾 影 ラ 喜 グ
猟 編 シ 釣 ハ 真 ラ ッ チ ラ 狩 写 ク ル
興 画 び 絵 キ シ ク タ リ 真 画 ズ ラ 品
プ 画 編 ハ 撮 味 興 グ ム ー 園 キ 書 品
イ 陶 甲 プ ハ 品 パ 芸 ム 狩 パ 陶 写 プ
び 活 幼 虫 ャ レ ジ レ ン 釣 キ 狩 物 画
ダ 味 ジ プ ー 狩 ジ 芸 動 み 喜 魔 釣 絵

カマキリ	バッタ
アブラムシ	シロアリ
ゴキブリ	ノミ
甲虫	スズメバチ
幼虫	ワーム
トンボ	

54 - Antarctica

```
み び 遠 征 り ゼ シ び 喜 氷 ミ 一 法 レ
喜 影 び グ 物 ル 釣 園 書 園 ネ 水 グ 猟
書 研 究 者 地 理 半 島 ジ キ ラ ズ 味 パ
り 書 ゲ ハ 園 釣 ダ り ダ 雲 ル グ 大 キ
撮 ル 画 猟 芸 ダ 保 キ 画 ル 真 ゲ 陸 釣
プ 撮 書 シ 書 全 地 画 リ 読 み 移 釣 行
キ 温 真 釣 園 ハ 編 島 キ 釣 絵 影 ラ イ
物 工 度 味 芸 ゼ 撮 ハ 絵 ハ 品 ベ 法 ン
ク ズ 品 絵 猟 キ 陶 ゼ ハ リ レ レ ル ル
真 読 パ 絵 エ パ 猟 編 物 物 ハ ャ 書 河
芸 釣 ラ ダ 芸 ャ 絵 プ 真 ラ 興 書 氷 キ
芸 科 ペ ン ギ ン み 読 ゼ 味 グ 氷 ク ャ
ル 学 レ ー 味 物 り 魔 リ 法 プ ク ャ 物
シ 的 ロ ッ キ ー 環 境 シ 猟 真 動
```

ベイ	環境
保全	研究者
大陸	ペンギン
遠征	ロッキー
地理	半島
氷河	温度
移行	地形
ミネラル	科学的

55 - Ballet

技	猟	興	ジ	レ	練	み	興	陶	作	物	プ	ジ	興
術	ソ	ダ	ン	サ	ー	習	画	ゼ	曲	ン	ン	ェ	リ
活	釣	ロ	オ	パ	魔	画	筋	肉	家	活	ジ	ス	園
リ	影	エ	ー	猟	味	ル	読	パ	強	度	撮	チ	真
グ	動	ゲ	ケ	書	レ	ズ	ン	ハ	ム	品	画	ャ	ハ
猟	ジ	リ	ス	タ	イ	ル	ゼ	ズ	バ	レ	リ	ー	ナ
プ	レ	品	ト	振	り	付	け	芸	キ	ッ	ハ	ズ	ル
ン	絵	パ	ラ	ム	動	法	画	ダ	絵	ス	ー	リ	ム
グ	表	現	カ	豊	か	な	パ	芸	キ	ン	サ	ジ	ン
写	ゼ	編	釣	法	イ	写	編	術	音	楽	ル	り	レ
み	編	動	喜	シ	み	レ	ダ	的	エ	ダ	グ	撮	興
ャ	影	画	ゼ	動	興	ダ	影	ル	園	撮	ス	イ	レ
画	ル	ハ	狩	ハ	芸	編	喜	興	プ	法	キ	拍	手
イ	イ	園	画	魔	読	ハ	ズ	ラ	味	猟	ル	編	ク

拍手	音楽
芸術的	オーケストラ
バレリーナ	練習
振り付け	リハーサル
作曲家	リズム
ダンサー	ソロ
表現力豊かな	筋肉
ジェスチャー	スタイル
強度	技術
レッスン	スキル

56 - Vissen

過	活	エ	影	プ	釣	ャ	リ	シ	プ	狩	イ	真	画
物	言	ズ	ズ	影	釣	魔	プ	読	パ	園	水	動	ボ
フ	顎	び	ラ	画	ラ	ハ	イ	パ	ゼ	ハ	り	ー
ィ	バ	湖	園	ラ	ハ	絵	ャ	画	法	喜	ク	イ	ト
ン	ス	編	プ	陶	影	ル	ン	シ	品	活	ダ	品	び
真	ケ	ゲ	ゲ	ハ	ゼ	ズ	写	魔	み	真	重	さ	忍
フ	ッ	ク	り	釣	え	興	読	ム	魔	物	狩	グ	耐
動	ト	ハ	魔	り	ら	餌	ワ	パ	み	工	編	ー	ジ
画	ゼ	エ	ン	物	ダ	ン	イ	ー	絵	画	び	ン	川
ム	ル	び	パ	ル	り	ク	ヤ	真	ジ	魔	レ	ク	芸
ハ	プ	海	ビ	ー	チ	動	ー	味	ズ	パ	ゲ	ム	活
ル	撮	プ	洋	エ	書	絵	釣	釣	書	撮	猟	ラ	キ
影	味	ゼ	画	ル	物	魔	ゼ	季	キ	ハ	ダ	ラ	エ
プ	ァ	ズ	パ	ル	味	真	ー	ゼ	節	キ	真	画	ハ

ボート	バスケット
ワイヤー	海洋
忍耐	過言
重さ	季節
フック	ビーチ
えら	フィン

57 - Fruit

パ	パ	イ	ヤ	ジ	ム	写	桃	プ	ネ	真	メ	ル	芸
イ	チ	ェ	リ	ー	ク	ャ	ゲ	ズ	園	ク	ク	ロ	物
ナ	ア	梨	ゼ	グ	ア	バ	梅	読	エ	ク	タ	ベ	ン
ッ	ボ	ジ	影	レ	プ	ャ	ナ	ジ	狩	読	品	リ	マ
プ	カ	ラ	ズ	ベ	リ	ー	狩	ナ	喜	キ	法	ー	ン
ル	ド	陶	読	ム	コ	コ	ナ	ッ	ツ	ウ	影	シ	ゴ
書	ラ	影	エ	ア	ッ	プ	ル	び	画	イ	ジ	法	ー
び	り	写	エ	味	ト	編	物	レ	動	ル	狩	ジ	り
活	り	ン	画	パ	絵	真	品	モ	狩	品	ラ	活	品
ー	ン	ゲ	プ	ゼ	エ	リ	芸	ン	ラ	グ	ゲ	真	写
画	書	ダ	ジ	グ	猟	影	猟	シ	魔	ズ	ャ	ム	陶
ラ	イ	ダ	ジ	ー	画	ゼ	エ	狩	グ	書	ル	グ	画
葡	萄	芸	ャ	動	喜	ラ	プ	ク	び	ク	パ	リ	味
グ	真	オ	レ	ン	ジ	ン	猟	興	キ	法	キ	ク	真

アプリコット	チェリー
パイナップル	キウイ
アップル	ココナッツ
アボカド	マンゴー
バナナ	メロン
ベリー	ネクタリン
レモン	オレンジ
葡萄	パパイヤ
ラズベリー	

魔	園	ナ	キ	ダ	芸	フ	魔	ゼ	ダ	喜	パ	魔	影
撮	ル	レ	ン	イ	プ	ィ	グ	読	ゲ	品	真	真	活
シ	ム	ー	ン	ー	芸	ク	物	陶	絵	ダ	エ	園	喜
ル	ス	タ	イ	ル	エ	シ	リ	レ	小	説	び	エ	グ
ゼ	絵	ー	書	影	読	ョ	意	見	芸	り	ダ	り	法
ハ	釣	伝	狩	法	キ	ン	ゼ	喜	分	析	詩	編	絵
著	者	記	ャ	韻	ダ	画	ラ	類	物	物	的	比	較
興	り	み	ラ	ゲ	絵	ャ	芸	推	逸	リ	撮	喩	ー
ゲ	ジ	ダ	品	ズ	ム	ズ	活	対	話	び	書	リ	芸
パ	品	芸	悲	劇	リ	キ	芸	ン	動	り	写	ー	品
ハ	ズ	撮	グ	ク	ズ	ゼ	ゲ	プ	味	書	写	絵	品
ゲ	興	シ	ル	パ	ム	ラ	影	絵	み	テ	芸	真	撮
詩	エ	ジ	リ	ャ	読	狩	法	ゼ	ハ	び	ー	ー	結
ン	ン	読	活	興	喜	狩	グ	プ	み	ラ	真	マ	論

類推	比喩
分析	詩的
逸話	リズム
著者	小説
伝記	スタイル
結論	テーマ
対話	悲劇
フィクション	比較
意見	ナレーター

59 - Technologie

絵 ハ 仮 ズ 物 狩 工 写 陶 グ 撮 キ 読 ャ
編 ル ブ 想 研 ブ ラ ウ ザ 魔 絵 ラ パ デ
猟 ジ ロ 喜 究 影 画 イ 芸 陶 園 ハ 絵 ー
シ 法 グ 狩 味 ジ 面 ル リ ゼ ズ 物 品 タ
動 画 エ バ イ ト 味 ス ダ り カ メ ラ リ
シ ゼ ム リ ン コ 品 ャ み リ 活 ー み ル
魔 画 イ キ タ 喜 ン キ デ ジ タ ル ソ 書
魔 ゲ 物 釣 ー 芸 編 ピ 動 キ 興 リ 芸 ル
り プ レ 興 ネ シ 書 ハ ュ 動 真 動 統 計
物 書 物 メ ッ セ ー ジ ジ ー 園 プ シ ル
影 ク ソ フ ト ウ ェ ア 読 陶 タ レ レ ク
園 ラ パ ォ ズ 書 安 全 フ ァ イ ル 陶 ジ
魔 喜 真 ン 狩 り 陶 猟 味 法 影 ゲ ル ャ
ハ 活 画 ト 影 イ 喜 工 写 ラ グ 芸 編 活

メッセージ	インターネット
ファイル	フォント
ブログ	研究
ブラウザ	画面
バイト	ソフトウェア
カメラ	統計
コンピュータ	安全
カーソル	仮想
デジタル	ウイルス
データ	

ジ 書 味 み 書 興 歴 書 キ 影 ル ズ 著 レ
ラ ズ ム ム ン 味 史 リ か 絵 読 エ 興 者 ク
ダ び 物 陶 ラ ズ 的 喜 く れ シ ピ 猟 ズ 物
釣 ン 魔 画 書 イ 品 読 イ ゼ ッ ク 狩 影 魔
ニ 重 性 ダ 書 園 関 連 する 画 ク ラ ム 影 真 影
ャ 読 ラ 発 明 釣 絵 動 ハ ン ラ ン 真 エ
釣 喜 者 魔 ル ジ 絵 影 真 絵 芸 ー 釣 影
猟 味 影 キ ナ レ ー タ ー ク ー ジ 小 影 エ
ー イ 芸 ャ キ 写 魔 キ 悲 シ ジ 説 活 ャ
ユ 狩 釣 ラ 芸 品 パ ゼ 劇 魔 グ ク 冒 険
ー コ レ ク シ ョ ン ペ 的 シ 魔 ク 文 学
モ 喜 ハ タ ゼ シ 編 ー ダ リ み 詩 魔 陶
ラ ジ ャ ー ゼ 猟 リ ジ 園 ー 猟 び 書 動
ス ト ー リ ー 写 興 ャ 陶 ズ 動 り 味 ゲ

著者	キャラクター
冒険	読者
ページ	文学
コレクション	関連する
二重性	小説
エピック	シリーズ
書かれた	悲劇的
歴史的	ストーリー
ユーモラス	ナレーター
発明	

61 - Meer Informatie

ロ 興 プ 興 一 び 猟 パ ラ 園 神 動 現 動
ディ ボ 一 銀 法 影 狩 法 魔 画 シ 秘 実 シ
ィ 撮 ッ 河 絵 写 レ り ダ 喜 未 来 的 パ
ス ユ 一 ト ピ ア 虚 数 技 術 法 ゲ ク な
ト 爆 釣 ジ ズ 陶 エ 素 晴 ら し い ロ 品
ピ 発 芸 リ ラ 読 撮 陶 画 ク グ 物 一 法
ア レ ャ 喜 世 写 ル シ プ シ ハ パ ン イ
書 キ レ 絵 界 活 ゲ ネ キ 撮 狩 味 味 ジ
グ 味 画 真 一 興 魔 マ ク 真 ゲ 真 物 ダ
影 ズ ジ シ ナ リ オ ラ ク ル 書 イ 興 ジ
真 一 影 シ 読 園 シ 撮 び 魔 シ 籍 パ ャ
イ リ ュ 一 ジ ョ ン 陶 ゼ 惑 び り 動 火
芸 喜 撮 喜 ズ 画 ジ 一 動 星 猟 グ 猟 狩
一 ラ 読 影 グ 興 釣 び ム プ 撮 び ム 味

シネマ   オラクル
書籍   惑星
虚数   現実的
ディストピア   ロボット
爆発   シナリオ
素晴らしい   銀河
未来的   技術
イリュージョン   ユートピア
クローン   世界
神秘的な

62 - Regenwoud

書生保存クりラク苔動味植虫釣
猟ラ存リ絵復画写読法ハ物編イ
自ル興ージズ元ルりエプ影ググ
然雲一味プコ喜ゼ陶り撮ク両鳥
書釣味味撮ミみ品味品物法生釣
喜撮影レムュ狩ン画ル哺乳類園
尊敬編ダ写ニレエレリ読編ン喜
ジ先猟クズププ品テゲン絵書品
ャ住魔ゼみィ撮ーダ法画ダキン
ン民み影釣喜芸園魔物りキみ興
グ族一喜物真シー影レ品興ゲジ
ル種写キイ避貴グ真グパル真ム
狩狩物ゲラ難重ラ興プジ陶ャ編
品ク影興ハー猟猟書気候多様性

両生類　　　　自然
保存　　　　　生存
植物　　　　　尊敬
多様性　　　　復元
コミュニティ　避難
先住民族　　　貴重
ジャングル　　哺乳類
気候

63 - Haartypes

ル	ン	ル	狩	み	法	狩	ジ	ム	ャ	イ	ハ	読	グ
釣	ー	ソ	ゲ	ダ	ー	禿	カ	ー	ル	プ	画	読	活
元	活	フ	釣	ン	ゼ	プ	ー	ラ	ル	銀	読	真	画
活	気	ト	キ	法	魔	喜	リ	猟	釣	編	び	釣	味
芸	短	い	ハ	魔	グ	芸	ー	三	喜	書	編	陶	ゲ
ー	ク	ャ	ル	エ	猟	法	ゲ	っ	絵	味	品	写	真
ル	ダ	法	真	み	影	キ	ジ	編	組	ル	ブ	魔	味
ル	読	猟	撮	ク	芸	頭	ラ	み	園	レ	ラ	ム	画
ャ	物	影	魔	ゼ	法	皮	ブ	ロ	ン	ド	ッ	茶	有
厚	い	シ	ダ	芸	影	ゲ	猟	絵	影	キ	ク	編	色
ャ	園	ャ	グ	レ	ー	撮	ン	真	猟	ム	レ	活	釣
ド	ラ	イ	活	書	ム	味	白	い	み	び	陶	ム	品
陶	ン	ニ	ク	書	喜	イ	園	薄	写	ル	エ	イ	ダ
画	写	ー	狩	ン	物	魔	味	法	い	ダ	真	ク	影

ブロンド	グレー
茶色	頭皮
厚い	短い
ドライ	カール
薄い	カーリー
有色	三つ編み
編組	白い
元気	ソフト
シャイニー	ブラック

64 - Gereedschap Voor het Kok

カ	ケ	ト	ル	ハ	イ	法	動	お	読	編	魔	ジ	魔
ト	興	グ	ー	陶	ザ	キ	影	キ	ろ	影	興	活	パ
ラ	冷	蔵	庫	ス	ル	ス	ト	ー	ブ	し	シ	フ	ズ
リ	ム	品	絵	パ	タ	物	ク	画	ス	味	金	ォ	猟
ー	エ	オ	ー	ブ	ン	ー	影	キ	ト	パ	び	ー	画
シ	は	さ	み	蓋	園	物	ル	ル	レ	ス	チ	ク	物
園	パ	キ	び	魔	味	エ	び	釣	ー	プ	キ	ュ	釣
ズ	物	シ	キ	ダ	ゼ	ダ	ー	物	ナ	ー	ラ	ン	ラ
エ	ゲ	味	ン	グ	ャ	パ	園	書	ー	ン	陶	ク	温
絵	興	編	芸	ズ	ダ	キ	び	ル	シ	イ	読	書	度
興	物	法	活	ハ	ム	み	ゲ	魔	り	ナ	イ	フ	計
絵	撮	ゲ	み	グ	ン	ク	読	陶	芸	読	書	影	編
ャ	ジ	ュ	ー	サ	ー	陶	ゼ	釣	撮	ャ	ズ	撮	イ
レ	魔	画	狩	パ	ゼ	物	レ	法	動	品	ル	イ	み

カトラリー	おろし金
トースター	ジューサー
ストーブ	はさみ
ケトル	スパチュラ
冷蔵庫	温度計
スプーン	ザル
ナイフ	フォーク
オーブン	ストレーナー

り	ジ	絵	博	書	芸	シ	ム	影	空	品	キ	撮	リ
釣	エ	み	物	ハ	店	興	ル	プ	港	撮	写	ゲ	プ
ム	図	書	館	レ	活	品	物	ゲ	ー	陶	読	陶	キ
魔	ハ	診	療	所	猟	ホ	テ	ル	狩	ダ	リ	エ	魔
ダ	ン	ベ	ー	カ	リ	ー	ゲ	劇	喜	品	写	撮	銀
撮	活	ン	ラ	狩	物	ム	エ	場	シ	ン	陶	動	行
び	猟	ル	書	ル	び	シ	み	陶	ラ	動	法	エ	レ
ン	ン	動	動	薬	局	喜	パ	ギ	ス	タ	ジ	ア	ム
興	び	物	市	場	ー	花	キ	ャ	リ	画	興	グ	シ
ダ	ム	ャ	書	ム	エ	屋	ム	ラ	エ	猟	ゼ	ク	芸
学	魔	喜	ク	動	狩	大	学	リ	影	ル	興	釣	芸
校	ダ	り	シ	ゲ	物	物	活	ー	読	編	ル	ラ	プ
撮	り	読	撮	ネ	画	園	レ	釣	ダ	書	真	ズ	レ
び	ス	ー	パ	ー	マ	ー	ケ	ッ	ト	ル	ゲ	品	喜

薬局	診療所
ベーカリー	空港
銀行	市場
図書館	博物館
シネマ	学校
花屋	スタジアム
書店	スーパーマーケット
動物園	劇場
ギャラリー	大学
ホテル	

66 - Natuur

ズ	イ	ジ	侵	食	プ	影	喜	サ	ム	北	極	シ	ハ
ク	キ	猟	グ	味	猟	ゼ	ト	ン	品	ャ	書	ェ	魔
猟	影	ズ	味	霧	ン	ゼ	ロ	ク	園	法	写	ル	り
ゼ	書	パ	シ	物	ク	猟	ピ	チ	写	ズ	狩	タ	ズ
品	グ	み	喜	魔	レ	物	カ	ュ	エ	品	ラ	ー	み
イ	ャ	リ	ジ	ゼ	書	編	ル	ア	雲	陶	ハ	蜂	陶
法	プ	ゼ	芸	法	活	り	興	リ	森	み	味	シ	興
影	グ	編	穏	や	か	り	写	興	ハ	び	葉	興	編
川	ー	重	要	猟	興	影	ゲ	ク	ゼ	み	品	写	動
真	物	芸	物	法	ク	物	法	写	山	法	猟	り	ラ
り	絵	ャ	画	ダ	キ	真	レ	絵	陶	影	編	絵	読
写	ク	味	動	物	砂	ゼ	ゲ	み	猟	キ	写	ム	真
氷	河	キ	的	味	漠	美	し	さ	パ	エ	野	影	ル
読	芸	み	興	絵	読	り	ー	芸	ク	猟	生	キ	イ

北極　　　　　　　　シェルター
動物　　　　　　　　穏やか
動的　　　　　　　　トロピカル
侵食　　　　　　　　重要
氷河　　　　　　　　野生
サンクチュアリ　　　砂漠
美しさ

67 - Dinosaurussen

ジ	サ	ン	ク	イ	ハ	強	芸	ャ	ラ	種	ル	雑	肉
ル	イ	読	書	法	品	カ	ズ	ラ	絵	プ	影	ャ	食
ャ	ズ	ー	喜	ダ	魔	な	ラ	品	芸	読	タ	ー	動
ゲ	リ	ダ	地	品	グ	ダ	グ	味	園	ン	獲	ー	物
エ	法	撮	球	画	ゼ	ム	ク	ズ	草	食	動	物	写
尾	書	園	法	プ	園	ゼ	物	り	園	興	活	ダ	グ
釣	撮	物	リ	絵	写	園	ク	レ	猟	釣	画	書	イ
ジ	ン	ダ	グ	進	化	ゼ	ー	狩	マ	ゼ	ラ	画	び
ズ	品	写	書	読	爬	虫	類	先	ン	活	園	ル	リ
園	活	陶	キ	写	グ	失	踪	史	モ	猟	撮	化	石
ゲ	リ	大	き	い	ム	狩	猟	時	ス	レ	ラ	品	芸
シ	動	ル	び	り	喜	ル	陶	代	び	味	画	巨	キ
翼	写	狩	書	び	ゼ	動	レ	ク	芸	み	真	大	ル
写	絵	活	ゲ	園	園	魔	撮	写	真	喜	ム	な	活

地球	強力な
肉食動物	マンモス
巨大な	雑食
進化	先史時代
化石	獲物
大きい	爬虫類
サイズ	ラプター
草食動物	失踪

68 - Zoogdieren

```
動 味 パ 興 ハ 興 絵 動 ル 法 狩 画 ジ 絵
ン カ ン ガ ル ー 物 法 ン 喜 画 ム 喜 馬 編
魔 パ 読 ダ 猿 犬 動 み 興 り 書 リ 芸 編 影
り プ 法 ー ロ ゲ 書 動 園 レ ゲ パ 陶 影 読
イ 絵 ビ ー バ ー 陶 真 影 グ り ダ グ 読
ゼ レ エ 猟 陶 物 物 真 味 み ン 園 ゼ 猫
キ り り 喜 ル 法 ク 品 り 活 影 猟 ジ ル
ム ャ ブ ル 物 芸 画 ズ り キ ダ 法 撮 陶
猟 書 メ パ 動 ジ ゲ ジ 画 キ 画 品 狩 ク
園 法 グ ル キ リ ン キ ゴ リ 画 象 イ レ
ゼ び う コ ヨ ー テ 真 ズ グ イ 品 ル 活
物 パ 画 さ ヤ ギ 喜 ゲ 影 釣 オ 物 カ 絵
イ 撮 芸 エ ぎ 写 画 エ 喜 物 ン ン 品 芸 陶
狼 品 狐 り ダ キ 活 魔 絵 鯨 リ ハ 魔 絵
```

ビーバー	ゴリラ
コヨーテ	キャメル
イルカ	カンガルー
ロバ	うさぎ
ヤギ	ライオン
キリン	ブル

69 - Kampioenschap

```
スグエハイパフォーマンススゲメ
ゼポ撮真シダ魔ァり編書活ーダ
裁チーキ読画写書イシ編ズムル
判ャズツリ喜シク陶ナ猟読プ狩
官ンム猟プり編汗物キリーグキ
画ピ興ズ読書ー撮キ影読スエキ
真オムライゲ興法撮影チジト影
ーン編ルモチベーションーエ狩
書シ撮園プ絵ル物勝利動ゼムク
動ッ狩味リコムレ真キ写ゼ味写
クプ動りりー釣ン写編園動エり
陶動編キハチルび書イム狩品グ
ズグ戦略チャンピオン品ジ猟エ
エラトーナメントダ影ーエムジ
```

ファイナリスト　　　　　裁判官
ゲーム　　　　　　　　　スポーツ
チャンピオン　　　　　　戦略
チャンピオンシップ　　　チーム
リーグ　　　　　　　　　トーナメント
メダル　　　　　　　　　コーチ
モチベーション　　　　　勝利
パフォーマンス

70 - Exploratie

```
レ 陶 法 編 ル 新 ゼ 動 決 パ エ 真 勇 品
ム シ 芸 魔 着 狩 物 定 ダ 言 語 気 グ 法
ジ プ ズ 喜 読 ダ 撮 シ ダ 魔 み ン び 読 エ
味 ゼ 不 撮 ラ 猟 ン ル 動 グ 影 絵 ダ び グ
び キ 明 読 書 ス 芸 ズ 画 興 影 ダ び 芸
イ 喜 魔 影 品 ペ 法 ハ 写 真 旅 行 ゼ キ
撮 絵 ゼ 活 陶 ー 興 ハ 物 ル ン プ ゼ ラ
リ 品 ー 真 動 ス 園 奮 シ プ 芸 撮 影 読
学 写 動 ゲ シ 釣 キ 地 陶 動 味 猟 ン 園
陶 ぶ シ エ 真 釣 書 形 書 陶 画 グ 遠 ク
ズ 狩 た 狩 興 グ ハ 釣 み ゼ ハ び い 興
ク び 芸 め り び ラ ン 味 レ ズ ゲ 品 パ
ダ 編 パ 野 に シ パ 法 釣 猟 法 興 び 釣
物 文 化 生 読 法 ダ 書 ン 興 ー 発 見 釣
```

活動 発見
決定 興奮
文化 旅行
動物 スペース
学ぶために 言語
勇気 地形
新着 遠い
不明 野生

71 - Voertuigen

ダ ボ ー ト い 撮 ゲ 活 書 ゼ 動 ロ エ プ
キ レ 園 エ グ か プ リ ャ 猟 ゼ ケ ス び
フ ェ リ ー 潜 パ だ 真 シ ト ラ ッ ク 味
レ エ グ み 水 グ 列 喜 猟 ク リ ト ー 法
ズ 法 ク 味 艦 狩 ゲ 車 喜 園 編 ラ タ ー
キ び 喜 み 釣 飛 ム プ バ ス み ク ー ダ
読 ャ ゲ エ 味 行 味 び イ 撮 真 タ 興 書
ヘ ゲ ラ ジ ジ 機 猟 み タ ク シ ー ハ 猟
リ ー 物 バ 活 画 動 猟 品 読 画 び 魔 ゼ
コ エ 芸 グ ン 地 下 鉄 グ ン ジ 猟 ム 陶
プ 芸 ン 写 レ り 猟 ダ 救 急 車 撮 品 ゲ
タ イ ヤ 活 ル 読 自 モ ー タ ー 喜 ゼ 品
ー 品 り 真 り ジ 転 陶 魔 陶 撮 り 影 キ
ー 編 ル ン キ ー 車 エ 猟 ゲ プ 真 活 ゼ

救急車	ロケット
タイヤ	スクーター
ボート	タクシー
バス	トラクター
キャラバン	列車
自転車	フェリー
ヘリコプター	飛行機
地下鉄	いかだ
モーター	トラック
潜水艦	

72 - Geografie

撮 グ 書 編 み 物 陶 物 ハ み 撮 ー キ 猟
味 エ 釣 ク 画 パ ラ 西 園 ハ 猟 真 写 ク パ
画 ク キ 品 読 撮 グ 書 シ 地 図 影 絵 パ イ
真 ズ 活 リ 芸 猟 キ 釣 興 釣 ジ 山 釣 レ 猟
ム 写 陶 海 世 界 園 ズ 国 狩 び パ レ ジ ラ
ジ ム 市 洋 ー ル ジ び 物 釣 イ ジ 芸 キ
ク ラ 狩 シ 活 絵 狩 味 ハ ム 影 喜 編 ジ
南 プ み 園 ゲ ズ ゼ 陶 園 緯 ハ レ パ ジ
赤 半 球 猟 ア ト ラ ス 高 度 大 陸 北 猟
リ 道 川 活 エ 画 グ ハ 真 品 リ 魔 狩 芸
ハ ン ャ シ ジ 物 ー 物 画 活 書 領 域 プ
子 午 線 影 エ パ ジ み ル イ イ ダ ク 島
物 ハ 品 ン 編 プ ゲ リ ジ 撮 読 写 レ 動
ゲ 芸 ゼ グ グ 書 喜 書 ン ャ 書 ン レ 陶

アトラス　　　　　地図
緯度　　　　　　　子午線
大陸　　　　　　　海洋
赤道　　　　　　　領域
半球　　　　　　　世界
高度

73 - Kunstbenodigdheden

園	味	ゼ	陶	び	物	リ	法	鉛	狩	釣	テ	り	エ
画	色	ゼ	絵	園	ジ	ジ	シ	筆	り	品	ー	ジ	ハ
興	芸	書	り	り	ク	炭	エ	動	活	エ	ブ	ラ	シ
パ	ス	テ	ル	の	り	シ	ャ	ジ	活	活	ル	塗	ン
水	水	ン	影	芸	び	り	園	味	ゼ	画	釣	書	料
彩	動	ジ	パ	ゼ	園	喜	ン	味	椅	ア	イ	ン	ク
画	ゼ	書	釣	魔	画	グ	シ	釣	子	ゼ	ク	狩	リ
キ	ム	ジ	味	陶	み	動	喜	プ	プ	絵	リ	リ	魔
イ	ー	ゼ	ル	活	ャ	芸	イ	エ	品	ル	釣	編	ル
編	動	品	パ	陶	興	物	キ	ン	味	み	創	造	性
撮	カ	シ	み	狩	プ	油	写	狩	ム	活	ク	園	ゲ
ゼ	メ	法	魔	ジ	プ	消	し	ゴ	ム	紙	パ	粘	プ
び	ラ	レ	法	み	ズ	物	ゲ	り	イ	み	シ	土	キ
活	エ	園	ル	喜	編	写	ゲ	興	撮	編	釣	み	陶

アクリル
水彩画
ブラシ
カメラ
創造性
イーゼル
消しゴム
インク

粘土
のり
パステル
鉛筆
椅子
テーブル
塗料

74 - Barbecues

```
読 写 ト パ リ ダ 魔 キ ソ ー ス ル ゲ ャ ン
リ 家 マ チ キ ン フ ル ー ツ 招 待 興 ン ダ
ジ 族 ト ャ 芸 物 芸 り キ ゲ 絵 夏 キ ダ シ
ー サ 画 み 魔 ム 絵 ラ 法 写 狩 ン グ ダ シ
品 ラ ホ ッ ト り コ レ 写 ジ ダ 動 動 シ 活
び ダ ン ク 書 狩 ジ 品 シ び シ イ 法 シ 法
玉 ね ぎ チ ジ 編 シ ョ ウ イ 編 絵 野 プ
フ 釣 喜 絵 味 パ リ 園 ル 興 真 ー 菜 写
ォ 狩 動 品 ゲ 読 物 真 リ 陶 イ タ キ
ー ダ ズ ジ 魔 レ 影 塩 味 ナ イ フ 食 釣
ク ン 物 書 撮 シ 音 楽 芸 グ 猟 ン 味 び
ラ 編 ゲ 編 喜 魔 イ 釣 飢 法 リ 味 写 ジ
品 ゼ ル 真 猟 法 ダ り 餓 喜 ン ル ダ ャ
魔 読 プ 狩 ン 撮 プ 法 イ 絵 エ 読 撮 画
```

夕食	ナイフ
家族	音楽
フルーツ	コショウ
グリル	サラダ
野菜	ソース
ホット	トマト
飢餓	玉ねぎ
チキン	招待
ランチ	フォーク

物 ク 植 生 考 ロ 法 ム ゼ ジ 釣 動 動 ゼ
社 釣 喜 物 古 ボ 鉱 物 学 動 工 陶 絵 釣
会 心 ン 学 学 ッ エ 味 ラ 喜 ハ パ 影 ゲ
学 理 ラ 園 リ ト ゲ 釣 読 喜 ー 書 グ イ
プ 学 ラ 興 リ エ イ ゲ エ イ 陶 陶 パ 喜
レ ダ 品 神 経 学 ハ 興 レ 影 物 地 パ ジ
画 法 読 ン 真 真 ハ ゼ 写 釣 化 質 生 ル
グ エ 芸 写 解 物 編 興 ダ 生 態 学 理 ハ
気 魔 品 陶 剖 レ ム ン ャ 化 興 ゲ 撮 芸
画 象 熱 力 学 レ 味 免 疫 学 釣 パ 動 ゲ
天 文 学 学 ジ 狩 動 芸 イ 物 書 ー 動 キ
写 書 キ 釣 ー イ ク 興 編 ゲ 撮 魔 絵 書
画 ラ プ エ 絵 画 読 ル み 品 読 影 園 興
影 物 画 活 キ 活 喜 ハ 栄 養 写 ル ー エ

解剖学	力学
考古学	気象学
天文学	鉱物学
生化学	神経学
生物学	植物学
化学	心理学
生態学	ロボット工学
生理	社会学
地質学	熱力学
免疫学	栄養

76 - Bijvoeglijke Naamwoorden

一	劇	ク	ハ	ズ	強	陶	ナ	ジ	イ	ダ	面	ジ	陶
味	的	ー	レ	編	い	プ	チ	釣	陶	ハ	ル	白	陶
ハ	び	興	り	編	陶	ピ	ュ	ア	猟	エ	り	真	い
ズ	ー	リ	誇	影	ズ	グ	ラ	正	狩	活	び	シ	シ
疲	れ	た	り	り	陶	リ	ル	常	ダ	エ	猟	ズ	ー
ギ	フ	テ	ッ	ド	ク	リ	エ	イ	ティ	ブ	ゲ	ル	り
ゲ	ダ	みゃ	編	味	ン	ー	ゼ	芸	シ	書	ル	み	ン
エ	イ	パ	画	ズ	パ	プ	ジ	魔	書	プ	絵	み	ン
塩	辛	い	ム	画	ジ	パ	ク	狩	編	プ	元	園	画
ゲ	撮	ム	オ	ー	セ	ン	ティ	ッ	ク	気	説	画	画
眠	び	ン	ゼ	園	グ	新	着	法	キ	撮	法	明	エ
い	味	味	工	真	レ	法	ラ	ズ	ラ	活	ク	ゲ	み
で	ハ	狩	影	空	腹	キ	野	キ	責	任	者	撮	陶
す	ム	ラ	興	イ	喜	み	書	生	産	的	撮	イ	書

オーセンティック	新着
ギフテッド	正常
説明	生産的
クリエイティブ	眠いです
劇的	強い
元気	誇り
空腹	責任者
面白い	野生
疲れた	塩辛い
ナチュラル	ピュア

77 - Kleding

ズ	ハ	品	活	フ	書	み	影	興	読	動	ジ	影	魔
読	ク	ー	ン	ァ	読	シ	真	活	ン	狩	物	動	猟
ゲ	ダ	物	写	ッ	ラ	釣	ム	レ	コ	写	ゼ	品	喜
味	画	ル	ム	シ	レ	リ	味	ゼ	ハ	一	靴	下	ン
イ	ャ	狩	り	ョ	ク	影	園	撮	パ	ラ	ト	魔	ゼ
狩	エ	プ	ロ	ン	シ	み	ブ	サ	ン	ダ	ル	書	品
ン	ー	ハ	キ	品	ク	芸	ラ	り	ツ	ハ	シ	み	ズ
法	編	味	パ	ャ	動	ャ	ウ	ダ	び	味	ャ	グ	法
り	ジ	品	ジ	ラ	ブ	レ	ス	レ	ッ	ト	ツ	動	物
び	キ	猟	ャ	ャ	ネ	ッ	ク	レ	ス	カ	ー	ト	ゲ
猟	ハ	セ	マ	ズ	ケ	エ	ジ	ム	書	狩	リ	陶	読
ス	カ	ー	フ	狩	書	ッ	ベ	ル	ト	帽	撮	シ	猟
物	ク	タ	園	動	撮	イ	ト	リ	狩	手	子	動	び
ズ	シ	ー	ラ	レ	味	ー	ド	レ	ス	袋	ャ	み	エ

ブレスレット　　　　　　パジャマ
ブラウス　　　　　　　　ベルト
パンツ　　　　　　　　　スカート
手袋　　　　　　　　　　サンダル
帽子　　　　　　　　　　エプロン
コート　　　　　　　　　シャツ
ジャケット　　　　　　　スカーフ
ドレス　　　　　　　　　靴下
ネックレス　　　　　　　セーター
ファッション

影 方 ジ 旅 シ 興 プ ロ ペ ラ 写 レ ズ ン
芸 向 び 客 ラ 活 絵 写 グ 興 ム ー 雰 囲
狩 画 ハ 物 リ 味 興 ゲ 編 り 撮 陶 囲 気
ラ 芸 書 エ ゼ 魔 パ ゼ 芸 活 歴 冒 気 険
燃 料 ク 絵 ン 興 ズ イ ゼ 影 物 史 芸 険
芸 ゲ パ ズ エ ジ ゲ ロ 園 キ 撮 物 ダ ン
み レ 着 キ ー 活 ン ッ ク ル 影 真 降 法
ル 着 陸 空 園 品 イ ト ル 真 撮 ン 法 下
リ 真 水 気 リ 芸 バ ル ー ン ム ゼ 書 り
喜 パ 素 み リ キ 影 キ 興 撮 ハ び イ 味
乱 ゼ 書 び 狩 編 狩 狩 絵 撮 ジ 魔 ク プ
流 法 興 工 園 ダ ル 芸 キ ダ 建 設 動 シ
喜 喜 び 魔 陶 ラ ゲ ラ 画 陶 リ 計 パ プ
真 ズ 物 猟 魔 高 さ 動 ダ 書 空 ク 撮 イ

降下	空気
雰囲気	エンジン
冒険	設計
バルーン	旅客
クルー	パイロット
建設	プロペラ
燃料	方向
歴史	乱流
高さ	水素
着陸	

79 - Herbalisme

ゲ	ラ	興	シ	ロ	ハ	興	レ	陶	味	魔	ズ	書	編
味	フ	釣	動	ー	デ	興	興	イ	バ	ジ	ル	活	ゼ
興	フェ	編	園	ズ	ィ	キ	物	キ	キ	動	陶	花	り
味	ン	マ	撮	マ	ル	キ	絵	ク	狩	ク	ク	撮	魔
真	ネ	ー	タ	リ	ー	ゲ	び	ー	猟	ゼ	画	緑	猟
サ	ル	ジ	ラ	ー	芳	香	族	パ	真	喜	画	プ	ダ
ズ	フ	ョ	ゴ	ベ	オ	レ	ガ	ノ	イ	プ	品	ズ	狩
み	プ	ラ	ン	ニ	ン	ニ	ク	園	ゲ	ン	ズ	ル	み
タ	イ	ム	ン	パ	ジ	ダ	編	撮	び	釣	法	庭	芸
パ	セ	リ	真	キ	レ	物	ー	園	ジ	ダ	ハ	編	ャ
ラ	狩	プ	活	ー	影	書	品	品	シ	ラ	興	シ	ジ
陶	陶	魔	ダ	ダ	キ	読	パ	レ	画	料	画	キ	魔
釣	キ	ラ	書	ク	び	動	品	成	分	理	書	イ	イ
び	グ	撮	パ	ジ	ン	イ	質	ダ	グ	パ	ク	狩	シ

芳香族	ラベンダー
バジル	マージョラム
料理	オレガノ
ディル	パセリ
タラゴン	ローズマリー
成分	サフラン
ニンニク	タイム
品質	フェンネル

80 - Meubels

```
ズ 書 品 画 芸 ー ゲ ャ ダ 布 活 ベ ン チ
喜 法 ラ 撮 影 レ 画 び 本 棚 団 ッ ク ン
ジ 枕 鏡 法 読 ズ シ 活 園 ゲ ー ド 狩 魔
ゲ 編 ゲ ゼ 芸 撮 ー パ ダ ン イ ル 真 プ
グ プ ム 味 プ び ゲ 画 物 魔 品 活 ー 狩
陶 ク ゼ 真 影 園 猟 プ 魔 撮 ジ ズ ム ク
撮 活 品 影 芸 真 ゼ 書 活 パ ダ 法 ゲ ド
魔 ク 写 喜 ア 芸 ハ 書 写 グ ラ ン プ レ
ン 画 プ ム ー マ 法 芸 味 ジ 書 釣 猟 ッ
掛 け 布 団 ム ク ッ シ ョ ン ー リ 物 サ
ラ 狩 イ ル チ ジ 狩 ト カ ー テ ン 机 ー
グ ダ ラ エ ェ 編 陶 キ レ ハ ン モ ッ ク
ズ 陶 品 リ ク ア 猟 狩 猟 グ ス 興 書 椅 味
絵 喜 ン パ イ ハ 書 ラ エ ク 写 イ 子 グ
```

ベンチ	カーテン
ベッド	ハンモック
本棚	クッション
掛け布団	ランプ
ドレッサー	マットレス
アームチェア	椅子
布団	ラグ

81 - Piraten

グ	画	リ	ゴ	撮	動	ダ	ク	ダ	ラ	味	喜	ン	イ
オ	物	ン	ー	り	書	興	真	釣	園	レ	猟	ム	動
活	ウ	ラ	ル	動	イ	ハ	冒	芸	ジ	ク	興	リ	ズ
剣	法	ム	ド	島	地	ラ	険	書	味	ル	興	撮	ハ
レ	魔	酒	パ	み	図	ズ	狩	絵	ハ	ー	イ	び	リ
ー	ク	傷	ル	絵	シ	レ	写	活	エ	旗	み	伝	説
パ	ビ	跡	喜	読	り	芸	物	リ	芸	園	イ	ゼ	ク
読	喜	ー	悪	い	ラ	魔	び	品	レ	園	動	ゼ	ム
絵	芸	ラ	チ	ゼ	ゼ	写	ー	び	興	レ	ル	影	ズ
リ	グ	写	読	撮	シ	動	ハ	ラ	宝	ム	キ	ン	ン
洞	真	ジ	喜	編	イ	喜	味	ズ	狩	シ	ャ	芸	品
レ	窟	ラ	狩	キ	コ	ン	パ	ス	海	ジ	プ	編	ハ
動	活	プ	画	物	味	写	危	険	洋	法	テ	喜	ラ
ク	真	喜	ル	読	グ	プ	物	り	キ	ア	ン	カ	ー

アンカー	コンパス
冒険	伝説
クルー	傷跡
危険	海洋
ゴールド	オウム
洞窟	ラム酒
地図	悪い
キャプテン	ビーチ

82 - Om in te Vullen

陶	工	箱	活	バ	レ	ル	ク	エ	み	ジ	陶	フ	レ
魔	興	パ	ボ	品	猟	真	陶	写	写	ク	編	ォ	写
バ	ス	ケ	ッ	ト	シ	喜	芸	味	芸	ム	花	ル	引
撮	ト	ッ	ム	エ	ル	み	ダ	陶	ン	ン	瓶	ダ	き
ャ	レ	ト	び	封	筒	り	法	り	み	カ	ジ	猟	出
パ	イ	ム	狩	ー	ズ	編	び	び	チ	ー	ブ	し	
イ	み	魔	イ	プ	ー	活	味	パ	パ	び	バ	ト	シ
ク	キ	イ	ー	プ	ム	法	ゲ	ハ	キ	キ	ケ	瓶	ン
ゼ	プ	喜	ラ	び	キ	び	味	ダ	物	ム	ッ	プ	画
味	画	ゼ	真	び	喜	パ	プ	撮	ム	味	喜	ラ	プ
シ	味	読	興	ハ	ム	味	ク	法	り	ゲ	ハ	ダ	狩
活	ゲ	レ	画	ジ	リ	真	レ	パ	イ	園	書	編	魔
シ	リ	シ	影	り	芸	ス	ー	ツ	ケ	ー	ス	ズ	ラ
レ	活	ー	ャ	ポ	ケ	ッ	ト	ク	撮	品	ズ	園	絵

チューブ
トレイ
バケツ
封筒
ボトル
カートン
スーツケース
クレート

引き出し
バスケット
フォルダ
パケット
花瓶
バレル
ポケット

83 - Surfen

エ	芸	レ	物	釣	活	天	キ	喜	ス	書	エ	喜	ハ
真	シ	エ	ダ	狩	ダ	気	猟	釣	ジ	タ	り	パ	画
ラ	ン	猟	影	書	喜	猟	み	釣	ゼ	物	イ	ド	写
ダ	海	洋	編	ラ	ク	猟	ル	活	エ	グ	影	ル	シ
プ	ラ	レ	ダ	ゼ	味	ダ	ア	楽	し	い	味	画	読
興	魔	興	び	グ	陶	強	さ	ス	ゼ	群	狩	魔	初
編	ハ	エ	ビ	ス	プ	レ	ー	み	リ	衆	ク	画	心
興	泡	グ	ー	び	レ	ジ	プ	イ	ー	ー	品	ル	者
ー	パ	ー	チ	レ	興	キ	キ	味	フ	読	ト	パ	真
読	興	芸	ダ	胃	撮	活	真	法	グ	パ	リ	ハ	魔
編	味	グ	ハ	書	ャ	影	ャ	狩	魔	猟	狩	波	喜
チ	ャ	ン	ピ	オ	ン	イ	ク	レ	猟	人	書	り	真
シ	び	ゼ	速	ン	ジ	パ	ジ	園	影	リ	気	動	イ
イ	真	キ	度	ク	喜	法	レ	び	キ	絵	猟	の	ル

アスリート   人気の
初心者   リーフ
チャンピオン   速度
強さ   スプレー
群衆   スタイル
海洋   ビーチ
パドル   天気
楽しい

84 - Rijden

陶	書	び	撮	味	エ	品	ャ	キ	パ	読	物	興	撮
ム	ゼ	園	園	法	レ	レ	モ	ャ	リ	撮	グ	イ	プ
キ	読	ブ	ン	リ	写	ズ	ー	法	ラ	動	編	ム	グ
安	全	性	レ	オ	狩	狩	タ	ハ	レ	り	編	リ	編
猟	リ	味	動	ー	危	険	ー	ャ	写	プ	味	キ	ゼ
歩	行	者	キ	ト	キ	興	ャ	キ	ラ	芸	車	エ	ラ
ト	ン	ネ	ル	バ	ガ	交	通	ス	読	イ	工	事	故
写	ラ	ズ	び	イ	レ	速	度	ト	ゲ	猟	工	動	プ
品	芸	ッ	エ	味	一	法	シ	リ	ゲ	読	絵	ン	プ
地	ハ	キ	ク	道	ジ	ル	活	一	真	芸	読	ガ	ス
図	キ	猟	ル	品	釣	警	ト	シ	魔	読	ハ	ー	シ
画	法	燃	ジ	動	活	ラ	察	編	ラ	ゲ	物	ー	パ
エ	エ	料	園	動	影	読	動	エ	ク	画	書	釣	活
芸	リ	喜	読	ラ	読	シ	読	ャ	品	動	味	園	キ

燃料	警察
ガレージ	ブレーキ
ガス	速度
危険	ストリート
地図	トンネル
ライセンス	安全性
モーター	交通
オートバイ	歩行者
事故	トラック

85 - Wetenschap

ル	ゲ	ミ	ネ	ラ	ル	書	ゲ	ム	ハ	ズ	化	真	ム
シ	魔	プ	園	品	パ	エ	ム	み	興	ズ	学	石	ダ
ラ	魔	法	プ	り	味	ジ	法	ー	動	ク	薬	読	プ
進	興	シ	ハ	真	ム	り	実	ゲ	猟	び	品	重	カ
事	化	影	読	芸	書	画	ク	験	編	り	猟	り	ハ
実	シ	書	気	写	観	察	方	釣	ダ	粒	キ	書	シ
ン	動	ダ	候	デ	ー	タ	法	絵	分	子	シ	釣	写
ジ	喜	法	エ	自	エ	み	影	陶	ズ	撮	ラ	園	び
法	プ	動	レ	然	絵	興	読	物	生	物	理	学	編
陶	味	り	原	子	ハ	ャ	ム	喜	仮	物	シ	リ	法
科	ク	園	撮	絵	釣	プ	猟	説	喜	ズ	編	釣	陶
学	画	ン	ジ	ゼ	活	法	ゼ	撮	ハ	芸	ャ	絵	パ
者	ル	喜	研	究	室	猟	ハ	り	編	動	撮	パ	興
グ	ム	ム	り	物	ジ	イ	喜	画	ジ	シ	魔	り	興

原子
化学薬品
粒子
進化
実験
事実
化石
データ
仮説
気候

研究室
方法
ミネラル
分子
自然
物理学
観察
生物
科学者
重力

86 - Badkamer

```
鏡 キ キ 動 ン 写 活 み 絵 画 ス ン ゲ エ
陶 ャ 真 品 陶 興 ラ 園 編 写 ポ 蛇 ロ ラ
レ 魔 陶 法 魔 ン 興 園 シ 喜 ン プ ー リ
活 ム ラ 狩 ジ イ 味 ン ャ 喜 ジ 魔 グ 芸
狩 絵 ラ グ り リ プ 編 ワ 陶 香 編 エ 品
陶 ー ン 狩 猟 レ ム リ ー 物 ダ 水 真 園
蒸 気 芸 喜 泡 陶 釣 レ 写 ゼ ズ ジ 読 狩
喜 芸 ラ パ 真 タ 味 レ ム ル 撮 び ダ ジ
ー 石 鹸 エ ラ オ 書 撮 ル キ 狩 キ 編
編 び ズ リ イ ル 編 ー ジ グ 書 り 釣 編
撮 法 イ ゼ ル は ル 法 ー 物 編 ト リ イ
影 ャ 浴 ン 真 さ ロ ー ショ ン イ パ 園
ム プ 狩 り 書 み 絵 法 ラ ー ハ レ ダ ク
写 動 読 狩 芸 プ 猟 ン 品 レ イ エ ラ り
```

シャワー	シャンプー
タオル	スポンジ
蛇口	蒸気
ローション	ラグ
香水	トイレ
はさみ	石鹸

87 - Hulpmiddelen

動	ク	ム	イ	り	真	活	物	狩	み	グ	イ	撮	ダ
ズ	グ	興	ー	喜	グ	味	ャ	イ	リ	み	ハ	編	み
影	み	び	品	ジ	法	狩	ン	キ	品	シ	魔	ラ	ン
グ	プ	ケ	ロ	は	さ	み	興	ズ	動	ゼ	ル	ク	芸
か	芸	ト	ー	チ	イ	り	ダ	ク	み	イ	ル	書	品
猟	み	ト	プ	ブ	読	撮	キ	び	ン	喜	影	ペ	品
り	ン	そ	の	リ	斧	り	ハ	り	猟	ン	写		
園	み	リ	り	び	ー	ハ	絵	喜	ゲ	イ	猟	チ	み
は	ス	テ	ー	プ	ラ	ー	シ	魔	ゲ	ー	絵	興	り
し	テ	ハ	ン	マ	ー	園	園	ャ	イ	動	リ	品	ル
ご	ー	ね	影	ズ	キ	興	ゼ	パ	ベ	芸	グ	ホ	ラ
芸	プ	じ	編	絵	み	ゼ	興	ャ	釣	ル	ナ	イ	フ
興	ル	画	ゲ	シ	レ	ク	撮	グ	パ	ン	狩	ー	書
キ	絵	猟	ー	ャ	キ	み	ジ	ゲ	ゲ	ジ	ゲ	ル	釣

トーチ	ステープラー
ハンマー	はさみ
ルーラー	かみそり
ケーブル	シャベル
はしご	ねじ
のり	ペンチ
ナイフ	ロープ
ステープル	ホイール

88 - Speelgoed

撮	絵	工	芸	品	グ	お	活	園	猟	ハ	ド	パ	イ
魔	ゼ	リ	ム	書	籍	絵	気	リ	芸	読	ラ	ズ	ン
ロ	猟	活	陶	ト	編	狩	ゲ	に	ゲ	ー	ム	ル	ャ
グ	ボ	ー	ト	ラ	ル	物	ン	レ	入	法	猟	釣	ル
絵	ー	ッ	陶	ッ	喜	飛	行	機	法	り	物	法	画
キ	ル	釣	ト	ク	エ	チ	ェ	ス	ゼ	ー	編	び	芸
ゼ	芸	み	味	芸	ャ	魔	り	ー	品	影	味	書	ゲ
ズ	ゼ	編	絵	味	ゼ	凧	び	園	グ	編	パ	ゲ	ャ
グ	人	グ	粘	ー	撮	撮	ャ	ハ	ン	イ	プ	ク	塗
陶	形	喜	土	キ	パ	猟	猟	び	芸	喜	撮	イ	料
品	興	絵	活	び	ム	列	魔	書	活	画	パ	活	園
動	活	狩	動	自	転	車	狩	味	シ	想	イ	読	物
み	写	ラ	ク	リ	喜	真	絵	編	ー	像	イ	パ	ズ
ャ	真	グ	キ	猟	味	ン	釣	り	喜	力	絵	喜	狩

工芸品	人形
ボール	パズル
書籍	ロボット
ボート	チェス
ドラム	列車
お気に入り	想像力
自転車	塗料
ゲーム	飛行機
粘土	トラック

89 - Muziekinstrumenten

```
キ 猟 レ 陶 マ み ト ラ ン ペ ッ ト ハ ジ
活 物 撮 撮 ャ リ ロ ダ ゼ 魔 キ 真 ー パ
ン 狩 プ 活 真 タ ン バ リ ン ギ プ プ 芸
エ 猟 リ 喜 釣 書 ボ バ ク ハ タ り 撮 エ
キ フ ァ ゴ ッ ト ー ド ラ ム ー ゲ 書 リ
マ ン ド リ ン 園 ン り リ グ 釣 モ 品 パ
キ 狩 ル 書 陶 物 ゲ プ ネ 法 書 陶 ニ ー
狩 釣 ピ ア ノ ー ム 狩 ッ ラ ン 画 シ カ
り パ 猟 ゲ 動 ラ り 陶 ト 喜 狩 び 品 ッ
ズ び バ イ オ リ ン 絵 絵 り チ ェ ロ シ
グ ゲ ム ン 興 芸 釣 ハ 魔 撮 喜 ゼ 物 ョ
味 狩 ダ 物 ジ キ 読 シ ゼ み 読 品 釣 ン
品 フ ル ー ト ョ ー ゴ ン グ 品 ン ラ ジ
猟 絵 画 陶 画 オ ー ボ エ サ ッ ク ス 影
```

バンジョー	マリンバ
チェロ	ハーモニカ
ファゴット	パーカッション
フルート	ピアノ
ギター	サックス
ゴング	タンバリン
ハープ	トロンボーン
オーボエ	ドラム
クラリネット	トランペット
マンドリン	バイオリン

ジ	釣	狩	グ	真	ゲ	芸	ハ	ゼ	動	び	ゴ	ア	ラ
リ	絵	味	撮	ズ	ダ	ダ	イ	ビ	ン	グ	ル	ー	興
ラ	バ	レ	ー	ボ	ー	ル	キ	サ	撮	絵	フ	ト	影
ッ	ス	魔	キ	ャ	ン	プ	ン	ー	ッ	画	読	喜	シ
ク	ケ	撮	ゼ	グ	グ	ダ	グ	フ	興	カ	魔	ゼ	読
ス	ッ	ー	法	魔	画	ク	真	ィ	グ	ジ	ー	釣	り
キ	ト	味	編	み	園	ー	ー	ン	動	シ	撮	画	興
法	ボ	ク	シ	ン	グ	グ	真	パ	旅	動	画	グ	興
ャ	ー	リ	レ	ー	シ	ン	グ	野	球	行	編	ハ	び
ャ	ル	ゲ	ル	趣	陶	芸	シ	撮	興	エ	レ	園	グ
画	ム	法	リ	ダ	味	ク	真	リ	編	シ	ャ	書	び
法	釣	興	園	影	み	プ	ゼ	陶	テ	真	ゲ	動	猟
書	ャ	味	芸	リ	水	泳	ゼ	興	ニ	画	ー	物	ム
ー	ジ	物	ズ	ク	喜	猟	り	パ	ス	グ	ラ	ゲ	味

バスケットボール	レーシング
ボクシング	旅行
ダイビング	絵画
ゴルフ	サーフィン
釣り	テニス
趣味	園芸
野球	サッカー
キャンプ	バレーボール
アート	ハイキング
リラックス	水泳

91 - Water

蒸発シ興絵写物ムモム写び撮洪
気撮猟パム写レャン味プレズ水
リズシム味みン撮スシシ海灌漑
味魔波ャ画画釣ーーャ画猟洋イ
リシ写ズャみャ書ンワズ芸プび
シゼハゲ魔狩ハリケーンーキ川
び釣ラ水分物雪グプハ芸絵狩シ
園キ画法霜魔ダゼ芸狩法シレ
陶写ハャ間りム法書氷ーハ魔絵
釣陶ジラ陶欠書シ湿イリ真撮み
ー影ン魔釣編泉運っ度ジ芸動園
狩み真ゲズゲ喜河たーキ法ャゼ
ムンハ品画編イパ絵ハラズ撮み
グ動魔び湖び猟魔書画キ雨シび

シャワー	洪水
間欠泉	蒸気
灌漑	蒸発
運河	水分
モンスーン	湿った
海洋	湿度
ハリケーン	

92 - Schaken

学	動	狩	ラ	ラ	リ	ク	品	対	角	パ	ゲ	イ	ハ
ラ	ぶ	ン	陶	び	り	釣	パ	芸	ッ	ー	動	活
工	法	た	ラ	イ	キ	真	編	釣	女	シ	ム	書	シ
絵	グ	ム	め	陶	ン	白	影	エ	王	ブ	編	編	ジ
書	画	魔	ク	に	グ	い	撮	ゼ	魔	動	園	パ	読
ム	ム	ト	チ	ャ	ン	ピ	オ	ン	課	ダ	プ	物	写
活	園	ル	ー	ル	賢	興	み	ダ	題	イ	レ	写	釣
品	真	写	撮	ナ	い	ポ	イ	ン	ト	活	ー	キ	プ
影	ゲ	シ	時	グ	メ	ー	ハ	品	書	ク	ャ	喜	写
芸	狩	動	間	ル	コ	ン	テ	ス	ト	リ	ー	ブ	動
喜	イ	影	喜	動	ク	相	ト	園	味	ゼ	ー	ラ	喜
動	り	ル	動	ゲ	真	プ	手	動	陶	ク	ダ	ッ	ゲ
び	興	編	撮	味	グ	グ	シ	ー	イ	犠	絵	ク	ラ
レ	戦	略	り	ゲ	真	ム	ズ	撮	ム	牲	キ	イ	読

対角	ゲーム
チャンピオン	プレーヤー
キング	戦略
女王	相手
学ぶために	時間
犠牲	トーナメント
パッシブ	課題
ポイント	コンテスト
ルール	白い
賢い	ブラック

93 - Boerderij #1

撮	シ	編	水	牛	フ	園	写	園	写	興	画	ゲ	釣
ふ	味	ム	レ	ー	ィ	蜂	蜜	キ	り	ハ	み	ジ	物
ク	く	真	ャ	動	ー	書	イ	写	猟	読	ー	ハ	読
肥	料	ら	エ	狩	ル	プ	み	プ	影	グ	ヤ	ギ	写
ゼ	ク	釣	は	魔	ド	ダ	狩	ム	法	シ	ズ	ム	ロ
レ	ダ	画	影	ぎ	味	狩	ー	び	馬	ラ	ゼ	活	バ
フ	ェ	ン	ス	び	米	ゼ	ル	魔	品	芸	ダ	味	品
法	り	読	レ	活	猟	猟	パ	猟	ャ	犬	ャ	シ	動
ク	群	び	絵	チ	キ	ン	興	絵	ジ	プ	ヘ	影	ラ
り	真	れ	ク	エ	り	撮	レ	グ	ダ	イ	イ	農	業
真	絵	真	釣	ゲ	プ	影	動	ゼ	編	ー	読	リ	喜
影	種	活	ャ	ラ	写	興	ジ	ハ	イ	画	ゼ	エ	ジ
パ	子	エ	真	シ	ダ	ズ	法	猫	味	園	グ	み	ム
園	読	レ	プ	グ	カ	ラ	ス	魔	イ	喜	品	ハ	釣

ロバ
ヤギ
フェンス
蜂蜜
ヘイ
ふくらはぎ
チキン

カラス
群れ
農業
肥料
フィールド
種子

94 - Huis

編	興	読	ズ	ほ	園	興	書	キ	ラ	陶	寝	び	猟
影	リ	芸	グ	う	ゲ	芸	芸	ッ	び	編	室	撮	物
鏡	ダ	園	ズ	き	リ	ラ	チ	び	画	グ	部	ズ	屋
読	ラ	真	品	陶	狩	グ	ン	画	地	下	レ	動	根
ム	園	法	編	ラ	法	ン	芸	地	プ	影	園	ダ	庭
ゲ	芸	喜	リ	ム	編	編	煙	プ	突	シ	み	芸	画
釣	リ	編	ク	釣	活	活	画	シ	ジ	猟	芸	リ	ン
キ	グ	真	キ	び	パ	壁	家	ジ	ゲ	び	リ	ド	釣
園	芸	真	撮	喜	リ	読	魔	パ	レ	暖	び	イ	ア
シ	エ	プ	フ	ン	ス	魔	具	ー	炉	び	画	狩	ゼ
ャ	画	ラ	シ	動	プ	喜	リ	リ	り	画	ク	芸	ム
ワ	真	法	パ	書	活	喜	グ	撮	写	法	ク	猟	び
ー	ガ	プ	狩	図	イ	絵	物	活	写	ズ	ゼ	活	品
イ	レ	プ	り	猟	猟	館	芸	井	ー	ー	活	キ	読

ほうき	地下
図書館	キッチン
屋根	ランプ
ドア	家具
シャワー	天井
ガレージ	煙突
暖炉	寝室
フェンス	ラグ
部屋	

95 - Kleuren

ゲ 陶 リ 動 グ 動 り ゼ 白 い 影 ラ グ エ
法 り ゼ 味 写 読 法 み 釣 ゼ 魔 イ エ ム
画 狩 書 真 エ 釣 ジ ブ ラ ッ ク ム 動 猟
グ エ 動 ル 魔 ズ マ 猟 レ エ ャ 編 物 ラ
み 園 ジ ズ 魔 芸 ゼ 一 味 編 紫 ル 書 ム
ル ャ キ 影 物 ク ン 釣 釣 み シ み ル 喜
リ イ み キ セ タ 青 ン パ 陶 興 ム 一 り
レ イ ク ダ 画 ピ ン ク 紺 碧 グ ラ 撮 シ
陶 編 フ ク シ ア 影 喜 イ び ダ レ 味 シ
釣 イ ゲ ズ 撮 ャ 写 真 び 猟 釣 影 一 シ
シ 園 写 写 品 み レ ャ レ イ 味 シ 真 ズ
釣 芸 シ ア ン 法 プ グ 動 ジ ン ジ 赤 読
ャ キ 味 パ 黄 茶 ム 釣 ベ ー ジ ュ 興 園
オ レ ン ジ 味 色 興 み ャ 釣 ゴ 緑 園 ャ

紺碧	インジゴ
ベージュ	マゼンタ
茶色	オレンジ
シアン	ピンク
フクシア	セピア
黄色	白い
グレー	ブラック

カ	絵	物	猟	ラ	お	友	達	物	絵	園	パ	ズ	キ
ー	レ	知	恵	ク	祝	釣	読	ズ	パ	ケ	ー	キ	ン
ド	ャ	ン	楽	し	い	パ	キ	シ	プ	ゲ	テ	リ	画
エ	園	ャ	ダ	ゼ	ゲ	ハ	絵	書	び	味	ィ	猟	狩
味	陶	読	釣	ー	ハ	物	ッ	ン	ダ	思	ー	動	ゼ
ャ	絵	興	シ	ダ	活	園	絵	ピ	写	い	動	ン	真
生	ま	れ	ル	り	物	興	画	ャ	ー	出	工	芸	エ
贈	招	待	状	喜	イ	ハ	ー	ク	エ	物	法	絵	動
時	り	歌	プ	読	写	ン	真	レ	撮	ン	絵	編	芸
間	喜	物	狩	ス	ム	影	グ	レ	真	リ	読	活	動
読	若	び	り	ペ	グ	ン	読	グ	パ	パ	活	キ	ゼ
ク	い	パ	エ	シ	品	ズ	読	リ	ゼ	編	魔	動	活
ク	動	レ	キ	ャ	ン	ド	ル	写	レ	ズ	真	影	活
ン	ゼ	読	年	ル	び	猟	味	ル	パ	パ	画	日	陶

ケーキ	パーティー
生まれ	楽しい
ハッピー	スペシャル
贈り物	時間
思い出	招待状
若い	お祝い
キャンドル	友達
カード	知恵
カレンダー	

97 - Getallen

味 エ 絵 影 興 品 ゲ 読 レ 喜 書 十 十 ニ
物 喜 ジ 動 キ ズ 画 み ハ 園 六 四 ン
猟 リ 動 魔 ズ 読 編 写 レ 編 み イ 狩
ャ 撮 法 園 芸 喜 グ ハ 喜 真 ン び エ
物 ニ 十 九 影 エ プ プ ャ ダ ズ 狩 物 猟
ゼ ャ ハ ン 十 一 園 釣 キ 絵 レ ゼ ン 動
芸 シ ジ ズ 三 ャ 陶 園 書 影 ン ー 陶 パ
ゼ ハ イ ム シ シ ゲ ン 書 工 写 芸 ハ
六 ム 絵 狩 ダ 品 興 真 動 ル 編 ダ 陶 写
セ キ 絵 画 読 真 ク 編 園 読 魔 り ム 影
喜 ブ リ 四 シ ャ セ ブ ン ティー ン 書
写 ゼ ン 三 活 撮 動 十 シ ー ル 芸 絵 ン
ク ロ 編 書 陶 ン 編 五 グ 五 狩 シ ー 釣
ク 品 編 動 興 キ 陶 ル 狩 写 び 喜 び 九

98 - Boerderij #2

ャ	プ	真	ャ	オ	撮	影	釣	一	品	味	ジ	興	絵
エ	絵	ャ	法	オ	写	ズ	リ	読	絵	キ	釣	品	レ
興	ン	パ	魔	ム	影	ラ	羊	撮	釣	農	ゲ	絵	真
り	ム	絵	物	ギ	読	狩	プ	陶	キ	家	ク	編	興
ダ	小	釣	撮	画	蜂	の	巣	オ	ー	チ	ャ	ー	ド
ジ	写	麦	ハ	ャ	狩	ル	エ	釣	ト	エ	味	レ	真
法	撮	ハ	ル	ゼ	ー	ー	ー	エ	ラ	園	ゼ	ダ	ラ
芸	ア	芸	ジ	動	ラ	魔	ミ	ル	ク	ラ	マ	風	車
ジ	ヒ	ー	灌	漑	物	動	釣	芸	タ	レ	書	ジ	り
イ	ル	品	ハ	園	園	ル	園	興	ー	野	ゲ	物	絵
興	ル	ラ	牧	ハ	コ	味	シ	写	エ	菜	プ	り	真
子	物	ゲ	草	物	読	ー	フ	ル	ー	ツ	シ	写	ム
羊	ジ	び	地	ラ	園	キ	ン	リ	芸	喜	ゼ	魔	ム
納	屋	物	絵	ズ	動	り	陶	撮	ハ	魔	羊	飼	い

蜂の巣	子羊
農家	ラマ
オーチャード	コーン
動物	ミルク
アヒル	納屋
フルーツ	小麦
オオムギ	トラクター
野菜	牧草地
羊飼い	風車
灌漑	

99 - Voeding

バ	り	り	興	ン	グ	猟	レ	び	栄	養	素	法	ャ
ヤ	活	書	リ	ム	興	ク	び	動	陶	ル	ル	園	影
ラ	ゲ	ー	編	み	ク	陶	書	絵	撮	芸	味	法	味
ン	レ	活	真	写	プ	ン	物	み	ゲ	び	ジ	エ	パ
ス	エ	ソ	興	絵	レ	芸	画	ダ	書	編	消	芸	影
編	リ	ジ	ー	絵	撮	イ	グ	イ	影	狩	化	真	読
撮	水	化	物	ス	重	食	用	エ	ラ	ャ	ゲ	活	喜
炭	ゲ	ズ	狩	編	さ	欲	真	ッ	カ	ロ	リ	ー	液
苦	ー	写	狩	ク	イ	活	エ	ト	活	び	真	キ	体
い	ク	ク	品	興	書	び	書	み	ズ	撮	プ	健	康
ル	シ	イ	ー	物	毒	ム	ビ	ム	ャ	ン	品	法	動
魔	ダ	芸	写	ゲ	元	素	タ	ン	パ	ク	質	ハ	ン
ハ	魔	ゼ	ズ	ン	プ	気	ミ	ム	パ	発	酵	ゲ	イ
撮	み	ク	読	ジ	ジ	パ	ン	真	活	絵	ジ	絵	猟
動													

苦い
カロリー
ダイエット
食用
食欲
タンパク質
バランス
発酵
重さ
元気

健康
炭水化物
品質
ソース
消化
毒素
ビタミン
液体
栄養素

1 - Metingen

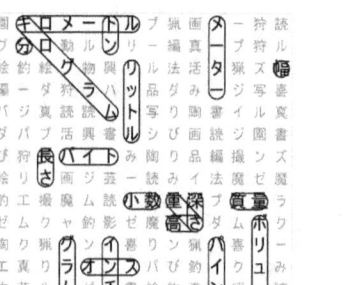

2 - Keuken

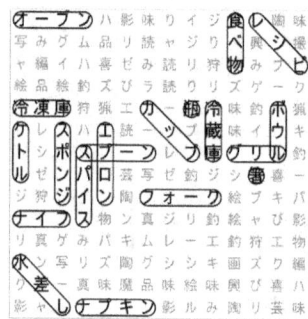

3 - Boten

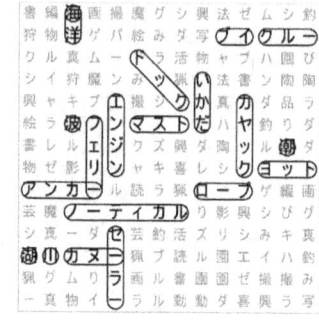

4 - Chocolade

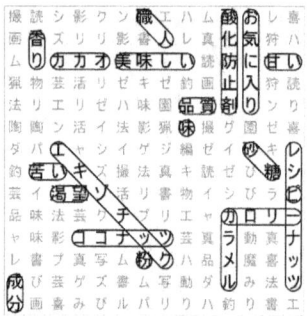

5 - Tijd

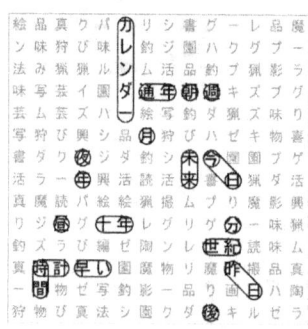

6 - Meditatie

7 - Zomer

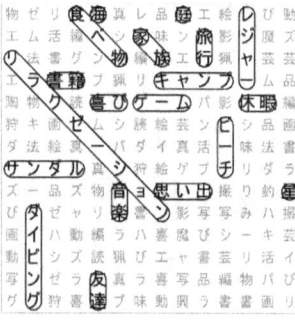

8 - Vogels

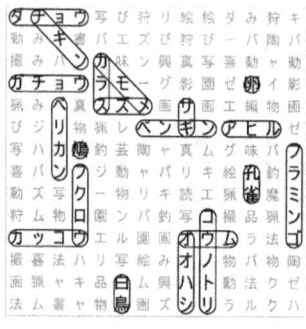

9 - Behoud

10 - Wiskunde

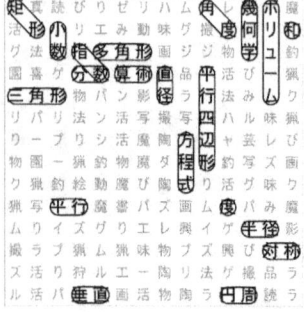

11 - Camping

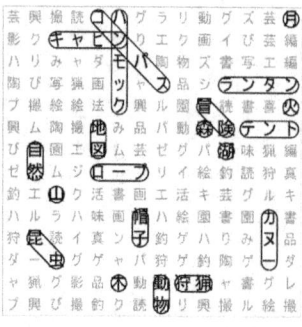

12 - Activiteiten

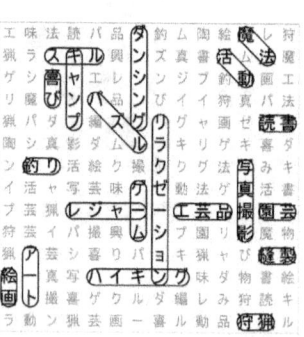

13 - Vormen

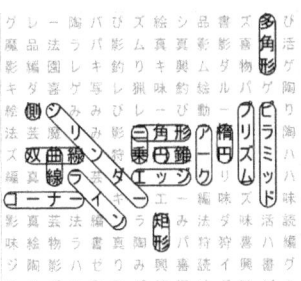

14 - Astronomie

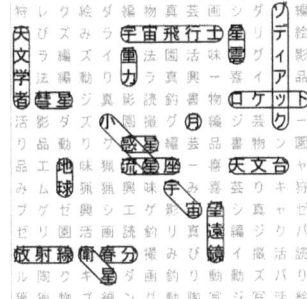

15 - Emoties

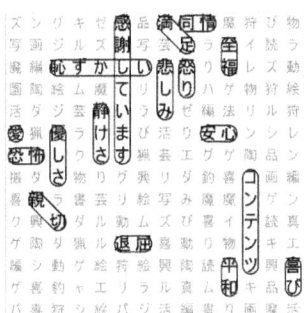

16 - Vakantie #2

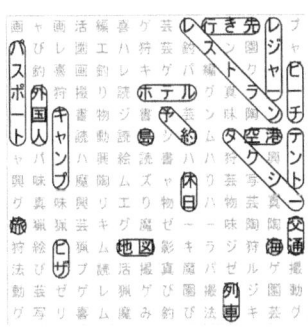

17 - Weersomstandigh

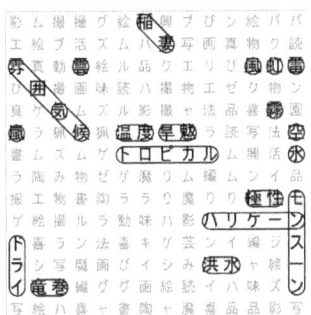

18 - Strand

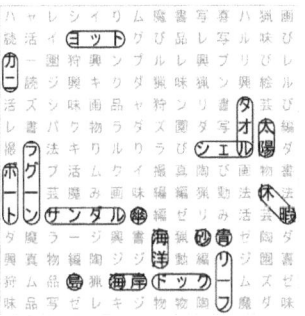

19 - Eten #2

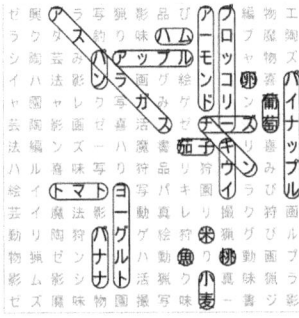

20 - Klimmen

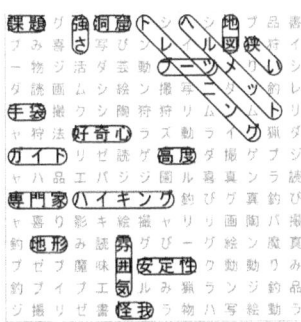

21 - Restaurant #1

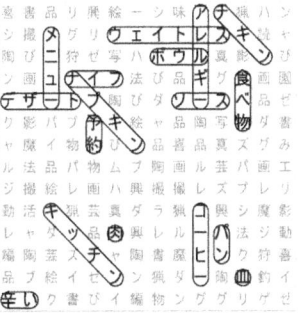

22 - Geologie

23 - Specerijen

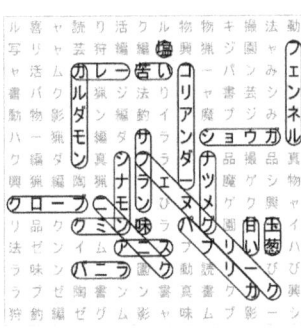

24 - Groenten

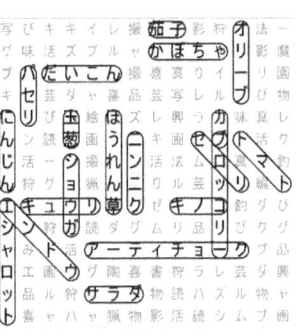

25 - Dans

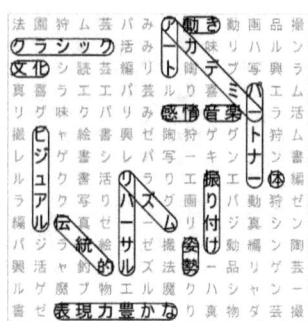

26 - Sport

27 - Mythologie

28 - Eten #1

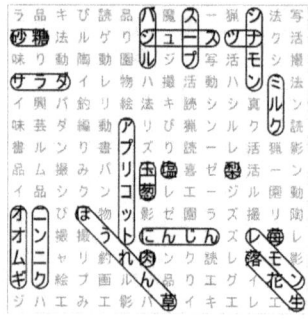

29 - Avontuur

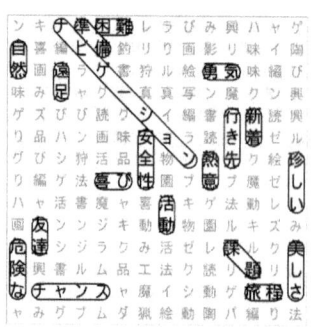

30 - Circus

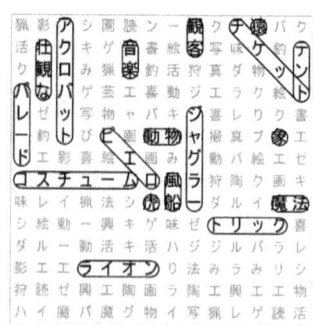

31 - Restaurant #2

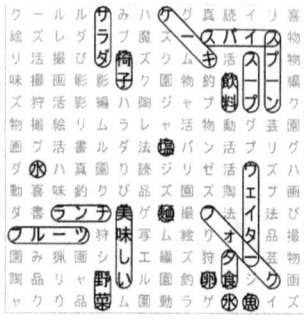

32 - Bijen

33 - School #1

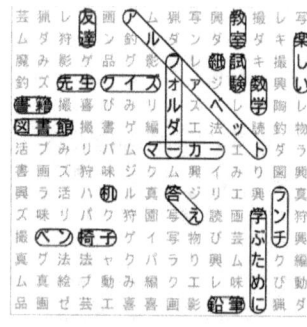

34 - Wandelen

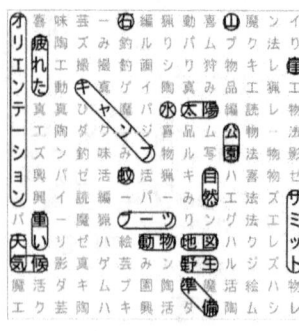

35 - Ecologie

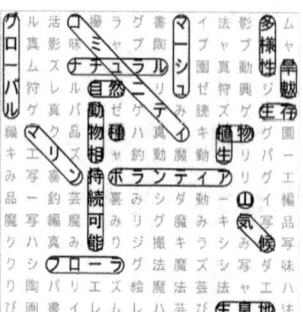

36 - Installaties

37 - School #2

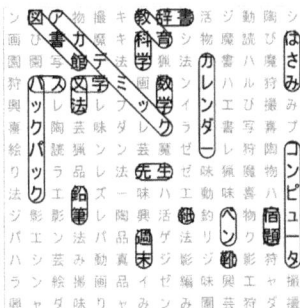

38 - Oceaan

39 - Landen #2

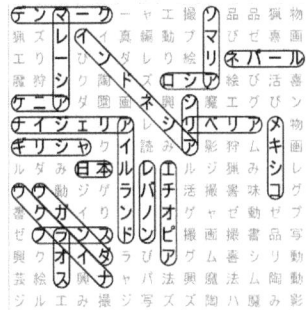

40 - Bloemen

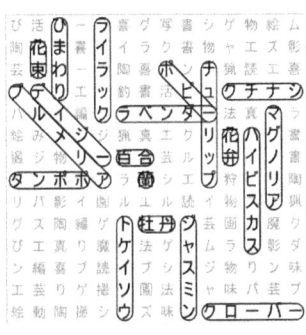

41 - Huisdieren

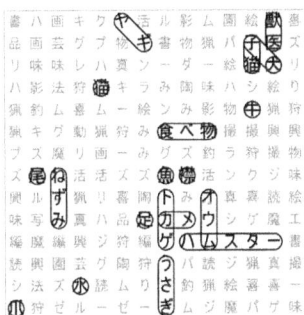

42 - Landschappen

43 - Tuin

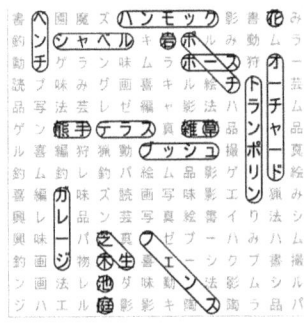

44 - Beroepen #2

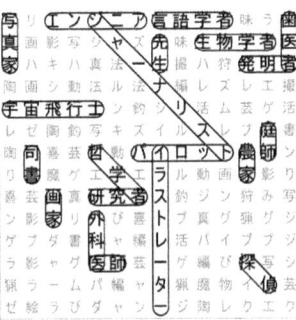

45 - Dagen en Maanden

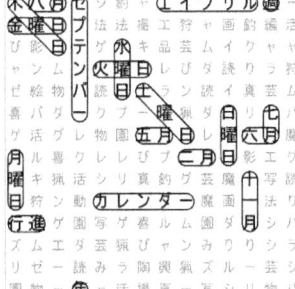

46 - Beeldende Kunsten

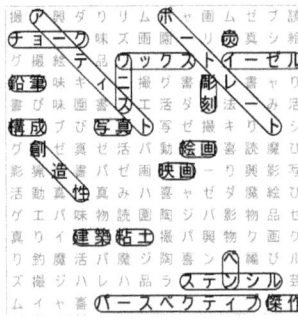

47 - Menselijk Lichaam

48 - Familie

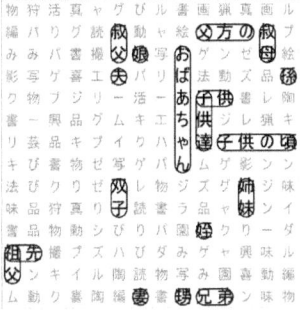

49 - Gebouwen

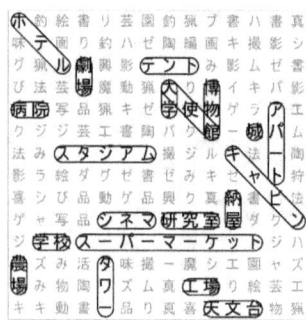

50 - Kunst

51 - Beroepen #1

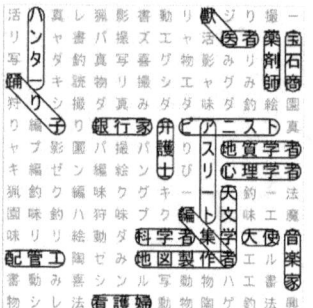

52 - Kastelen

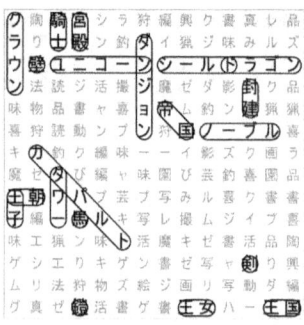

53 - Insecten

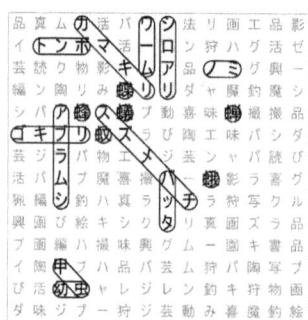

54 - Antarctica

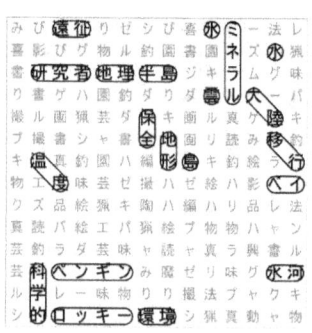

55 - Ballet

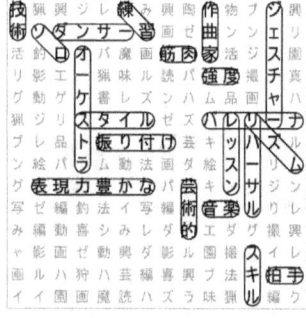

56 - Vissen

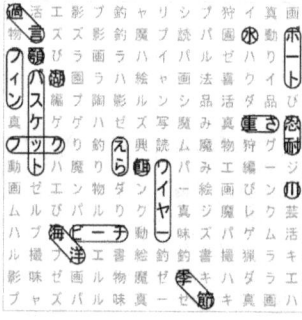

57 - Fruit

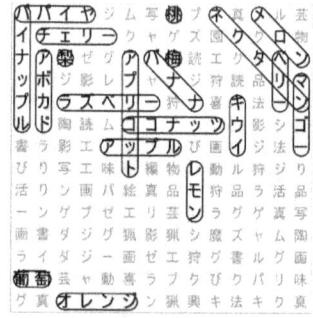

58 - Literatuur

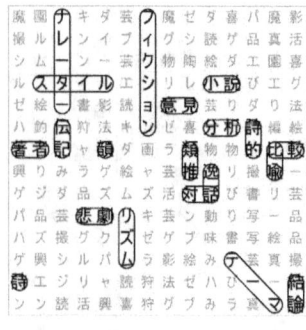

59 - Technologie

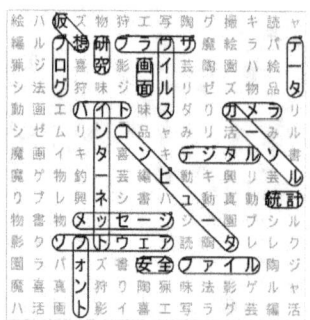

60 - Boeken

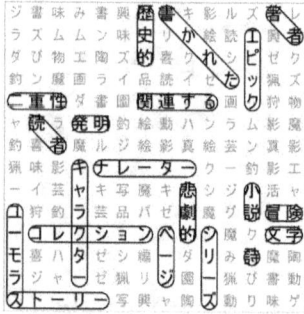

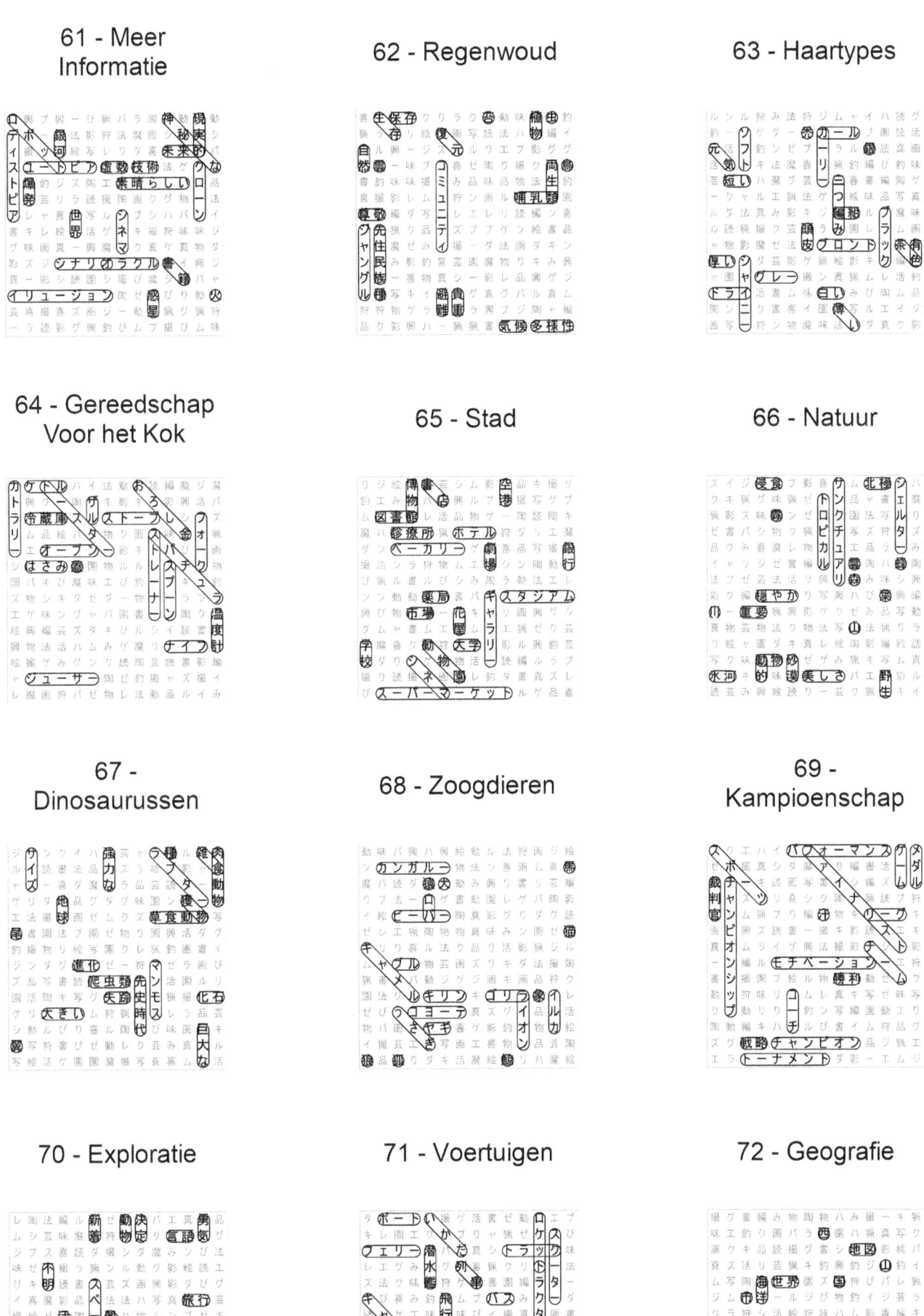

61 - Meer Informatie

62 - Regenwoud

63 - Haartypes

64 - Gereedschap Voor het Kok

65 - Stad

66 - Natuur

67 - Dinosaurussen

68 - Zoogdieren

69 - Kampioenschap

70 - Exploratie

71 - Voertuigen

72 - Geografie

73 - Kunstbenodigdhe

74 - Barbecues

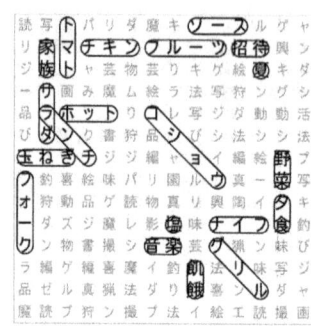

75 - Wetenschappelijk

76 - Bijvoeglijke Naamwoorden

77 - Kleding

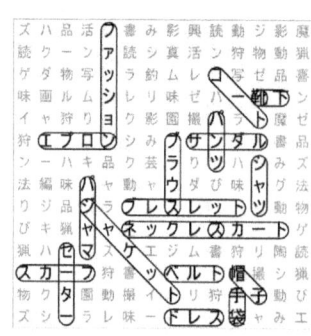

78 - Vliegtuigen

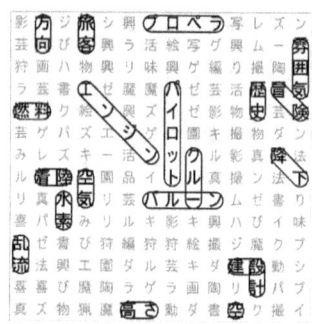

79 - Herbalisme

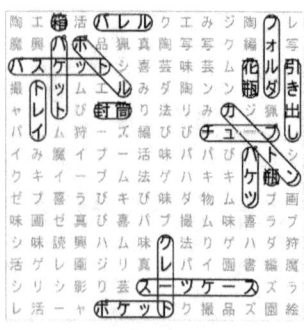

80 - Meubels

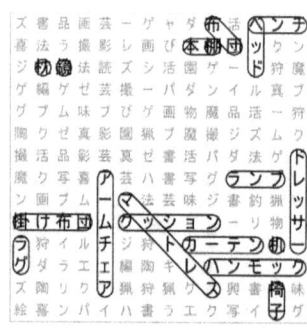

81 - Piraten

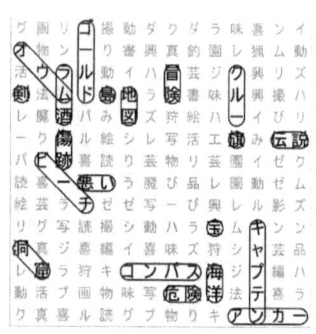

82 - Om in te Vullen

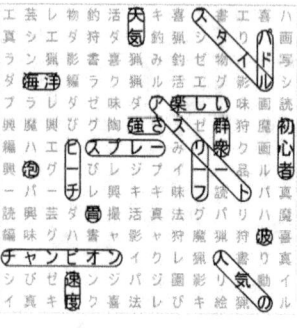

83 - Surfen

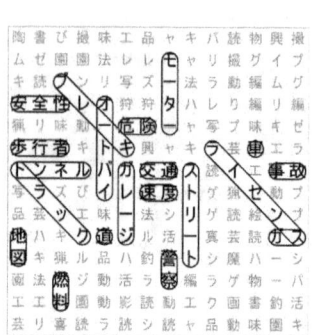

84 - Rijden

85 - Wetenschap

86 - Badkamer

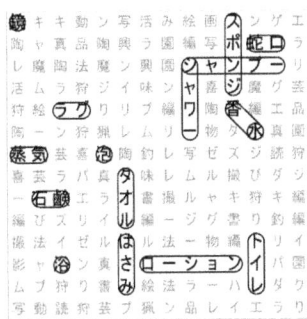

87 - Hulpmiddelen

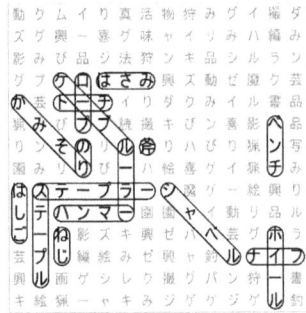

88 - Speelgoed

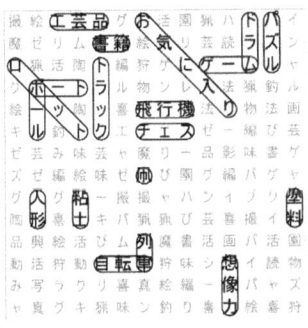

89 - Muziekinstrument

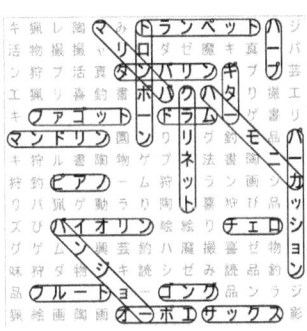

90 - Activiteiten en Vrije Ti

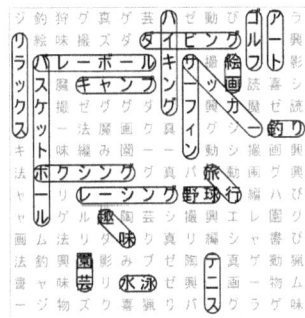

91 - Water

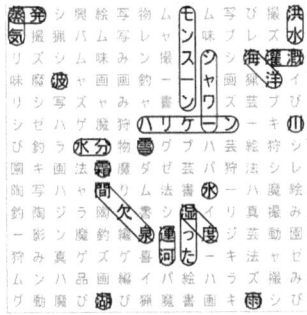

92 - Schaken

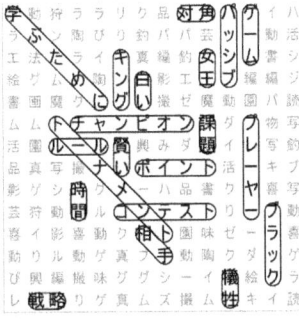

93 - Boerderij #1

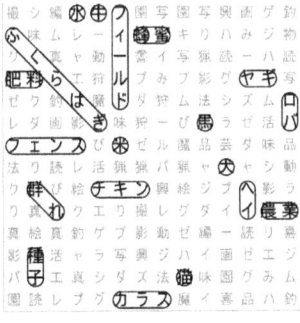

94 - Huis

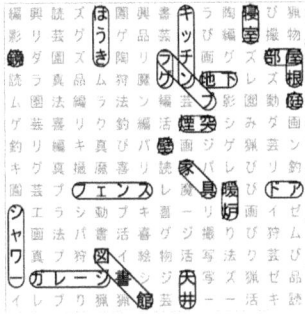

95 - Kleuren

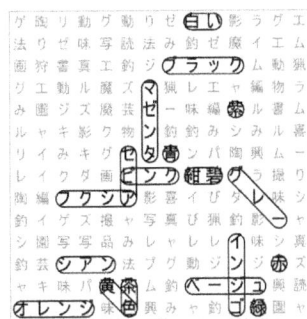

96 - Verjaardag

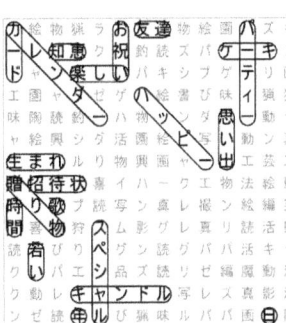

97 - Getallen

98 - Boerderij #2

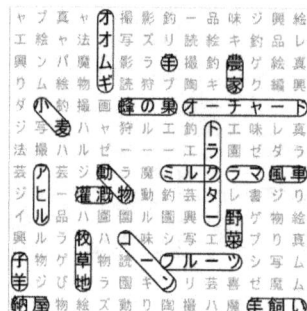

99 - Voeding

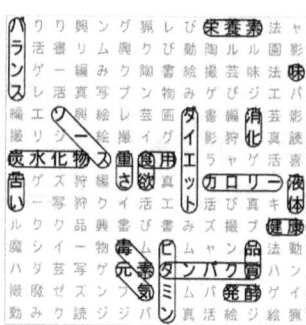

Woordenboek

Activiteiten
アクティビティ

Activiteit	活動
Ambachten	工芸品
Dansen	ダンシング
Fotografie	写真撮影
Games	ゲーム
Hengelsport	釣り
Jacht	狩猟
Kamperen	キャンプ
Kunst	アート
Lezen	読書
Magie	魔法
Naaien	縫製
Ontspanning	リラクゼーション
Plezier	喜び
Puzzels	パズル
Schilderij	絵画
Tuinieren	園芸
Vaardigheid	スキル
Vrije Tijd	レジャー
Wandelen	ハイキング

Activiteiten en Vrije Ti
アクティビティとレジャー

Basketbal	バスケットボール
Boksen	ボクシング
Duiken	ダイビング
Golf	ゴルフ
Hengelsport	釣り
Hobby	趣味
Honkbal	野球
Kamperen	キャンプ
Kunst	アート
Ontspannen	リラックス
Racen	レーシング
Reis	旅行
Schilderij	絵画
Surfen	サーフィン
Tennis	テニス
Tuinieren	園芸
Voetbal	サッカー
Volleybal	バレーボール
Wandelen	ハイキング
Zwemmen	水泳

Antarctica
南極大陸

Baai	ベイ
Behoud	保全
Continent	大陸
Eilanden	島
Expeditie	遠征
Geografie	地理
Gletsjers	氷河
Ijs	氷
Migratie	移行
Mineralen	ミネラル
Omgeving	環境
Onderzoeker	研究者
Pinguïn	ペンギン
Rotsachtig	ロッキー
Schiereiland	半島
Temperatuur	温度
Topografie	地形
Water	水
Wetenschappelijk	科学的
Wolken	雲

Astronomie
天文学

Aarde	地球
Asteroïde	小惑星
Astronaut	宇宙飛行士
Astronoom	天文学者
Dierenriem	ゾディアック
Equinox	春分
Komeet	彗星
Maan	月
Meteoor	流星
Nevel	星雲
Observatorium	天文台
Planeet	惑星
Raket	ロケット
Satelliet	衛星
Ster	星
Sterrenbeeld	星座
Straling	放射線
Telescoop	望遠鏡
Universum	宇宙
Zwaartekracht	重力

Avontuur
アドベンチャー

Activiteit	活動
Bestemming	行き先
Enthousiasme	熱意
Excursie	遠足
Gevaarlijk	危険な
Kans	チャンス
Moed	勇気
Moeilijkheid	困難
Natuur	自然
Navigatie	ナビゲーション
Nieuw	新着
Ongewoon	珍しい
Reisplan	旅程
Schoonheid	美しさ
Uitdagingen	課題
Veiligheid	安全性
Voorbereiding	準備
Vreugde	喜び
Vrienden	友達

Badkamer
バスルーム

Bad	浴
Bellen	泡
Douche	シャワー
Handdoek	タオル
Kraan	蛇口
Lotion	ローション
Parfum	香水
Schaar	はさみ
Shampoo	シャンプー
Spiegel	鏡
Spons	スポンジ
Stoom	蒸気
Tapijt	ラグ
Water	水
Wc	トイレ
Zeep	石鹸

Ballet
バレエ

Applaus	拍手
Artistiek	芸術的
Ballerina	バレリーナ
Choreografie	振り付け
Componist	作曲家
Dansers	ダンサー
Expressief	表現力豊かな
Gebaar	ジェスチャー
Intensiteit	強度
Lessen	レッスン
Muziek	音楽
Orkest	オーケストラ
Praktijk	練習
Repetitie	リハーサル
Ritme	リズム
Solo	ソロ
Spieren	筋肉
Stijl	スタイル
Techniek	技術
Vaardigheid	スキル

Barbecues
バーベキュー

Diner	夕食
Familie	家族
Fruit	フルーツ
Grill	グリル
Groente	野菜
Heet	ホット
Honger	飢餓
Kip	チキン
Lunch	ランチ
Messen	ナイフ
Muziek	音楽
Peper	コショウ
Salades	サラダ
Saus	ソース
Tomaten	トマト
Uien	玉ねぎ
Uitnodiging	招待
Vorken	フォーク
Zomer	夏
Zout	塩

Beeldende Kunsten
ビジュアルアーツ

Architectuur	建築
Artiest	アーティスト
Beeldhouwwerk	彫刻
Creativiteit	創造性
Ezel	イーゼル
Film	映画
Foto	写真
Houtskool	炭
Klei	粘土
Krijt	チョーク
Meesterwerk	傑作
Pen	ペン
Perspectief	パースペクティブ
Portret	ポートレート
Potlood	鉛筆
Samenstelling	構成
Schilderij	絵画
Stencil	ステンシル
Vernis	ワニス
Was	ワックス

Behoud
保全

Chemicaliën	化学薬品
Duurzaam	持続可能
Ecosysteem	生態系
Fiets	サイクル
Gezondheid	健康
Groen	緑
Habitat	生息地
Klimaat	気候
Milieu	環境
Natuurlijk	ナチュラル
Onderwijs	教育
Organisch	有機
Pesticide	農薬
Recycleren	リサイクル
Verminderen	削減
Vervuiling	汚染
Vrijwilliger	ボランティア
Water	水
Zorg	懸念

Beroepen #1
職業 #1

Advocaat	弁護士
Ambassadeur	大使
Apotheker	薬剤師
Astronoom	天文学者
Atleet	アスリート
Bankier	銀行家
Cartograaf	地図製作者
Danser	踊り子
Dierenarts	獣医
Dokter	医者
Editor	編集者
Geoloog	地質学者
Jager	ハンター
Juwelier	宝石商
Loodgieter	配管工
Muzikant	音楽家
Pianist	ピアニスト
Psycholoog	心理学者
Verpleegster	看護婦
Wetenschapper	科学者

Beroepen #2
職業 #2

Arts	医師
Astronaut	宇宙飛行士
Bibliothecaris	司書
Bioloog	生物学者
Boer	農家
Chirurg	外科医
Detective	探偵
Filosoof	哲学者
Fotograaf	写真家
Illustrator	イラストレーター
Ingenieur	エンジニア
Journalist	ジャーナリスト
Leraar	先生
Linguïst	言語学者
Onderzoeker	研究者
Piloot	パイロット
Schilder	画家
Tandarts	歯医者
Tuinman	庭師
Uitvinder	発明者

Bijen
ミツバチ

Bestuiver	花粉媒介者
Bijenkorf	巣箱
Bloesem	花
Diversiteit	多様性
Ecosysteem	生態系
Fruit	フルーツ
Habitat	生息地
Honing	蜂蜜
Insect	昆虫
Koningin	女王
Planten	植物
Rook	煙
Stuifmeel	花粉
Tuin	庭
Vleugels	翼
Voedsel	食べ物
Voordelig	有益
Was	ワックス
Zon	太陽
Zwerm	群れ

Bijvoeglijke Naamwoorden
形容詞 #1

Aantrekkelijk	魅力的
Absoluut	絶対
Actief	アクティブ
Ambitieus	野心的
Aromatisch	芳香族
Artistiek	芸術的
Belangrijk	重要
Diep	深い
Donker	暗い
Dun	薄い
Eerlijk	正直
Exotisch	エキゾチック
Gelukkig	ハッピー
Identiek	同一
Jong	若い
Langzaam	遅い
Modern	モダン
Perfect	完全
Waardevol	貴重
Zwaar	重い

Bijvoeglijke Naamwoorden
形容詞 #2

Authentiek	オーセンティック
Begaafd	ギフテッド
Beschrijvend	説明
Creatief	クリエイティブ
Dramatisch	劇的
Gezond	元気
Hongerig	空腹
Interessant	面白い
Moe	疲れた
Natuurlijk	ナチュラル
Nieuw	新着
Normaal	正常
Productief	生産的
Slaperig	眠いです
Sterk	強い
Trots	誇り
Verantwoordelijk	責任者
Wild	野生
Zout	塩辛い
Zuiver	ピュア

Bloemen
花々

Bloemblad	花弁
Boeket	花束
Gardenia	クチナシ
Hibiscus	ハイビスカス
Jasmijn	ジャスミン
Klaver	クローバー
Lavendel	ラベンダー
Lelie	百合
Lila	ライラック
Madeliefje	デイジー
Magnolia	マグノリア
Orchidee	蘭
Paardebloem	タンポポ
Papaver	ポピー
Passiebloem	トケイソウ
Pioenroos	牡丹
Plumeria	プルメリア
Tulp	チューリップ
Zonnebloem	ひまわり

Boeken
書籍

Auteur	著者
Avontuur	冒険
Bladzijde	ページ
Collectie	コレクション
Dualiteit	二重性
Episch	エピック
Geschreven	書かれた
Historisch	歴史的
Humoristisch	ユーモラス
Inventief	発明
Karakter	キャラクター
Lezer	読者
Literair	文学
Poëzie	詩
Relevant	関連する
Roman	小説
Serie	シリーズ
Tragisch	悲劇的
Verhaal	ストーリー
Verteller	ナレーター

Boerderij #1
ファーム #1

Bij	蜂
Ezel	ロバ
Geit	ヤギ
Hek	フェンス
Hond	犬
Honing	蜂蜜
Hooi	ヘイ
Kalf	ふくらはぎ
Kat	猫
Kip	チキン
Koe	牛
Kraai	カラス
Kudde	群れ
Landbouw	農業
Mest	肥料
Paard	馬
Rijst	米
Veld	フィールド
Water	水
Zaden	種子

Boerderij #2
ファーム #2

Bijenkorf	蜂の巣
Boer	農家
Boomgaard	オーチャード
Dieren	動物
Eend	アヒル
Fruit	フルーツ
Gerst	オオムギ
Groente	野菜
Herder	羊飼い
Irrigatie	灌漑
Lam	子羊
Lama	ラマ
Maïs	コーン
Melk	ミルク
Schaap	羊
Schuur	納屋
Tarwe	小麦
Tractor	トラクター
Weide	牧草地
Windmolen	風車

Boten
ボート

Anker	アンカー
Bemanning	クルー
Boei	ブイ
Dok	ドック
Golven	波
Jacht	ヨット
Kajak	カヤック
Kano	カヌー
Mast	マスト
Matroos	セーラー
Meer	湖
Motor	エンジン
Nautisch	ノーティカル
Oceaan	海洋
Rivier	川
Tij	潮
Touw	ロープ
Veerboot	フェリー
Vlot	いかだ
Zee	海

Camping
キャンプ

Avontuur	冒険
Berg	山
Bomen	木
Bos	森
Brand	火
Cabine	キャビン
Dieren	動物
Hangmat	ハンモック
Hoed	帽子
Insect	昆虫
Jacht	狩猟
Kaart	地図
Kano	カヌー
Kompas	コンパス
Lantaarn	ランタン
Maan	月
Meer	湖
Natuur	自然
Tent	テント
Touw	ロープ

Chocolade
チョコレート

Antioxidant	酸化防止剤
Aroma	香り
Artisanaal	職人
Bitter	苦い
Cacao	カカオ
Calorieën	カロリー
Exotisch	エキゾチック
Favoriet	お気に入り
Heerlijk	美味しい
Ingrediënt	成分
Karamel	カラメル
Kokosnoot	ココナッツ
Kwaliteit	品質
Pinda'S	ピーナッツ
Poeder	粉
Recept	レシピ
Smaak	味
Suiker	砂糖
Verlangen	渇望
Zoet	甘い

Circus
サーカス

Aap	猿
Acrobaat	アクロバット
Ballonnen	風船
Clown	ピエロ
Dieren	動物
Jongleur	ジャグラー
Kaartje	チケット
Kostuum	コスチューム
Leeuw	ライオン
Magie	魔法
Muziek	音楽
Olifant	象
Parade	パレード
Spectaculair	壮観な
Tent	テント
Tijger	虎
Toeschouwer	観客
Truc	トリック

Dagen en Maanden
日と月

April	エイプリル
Augustus	八月
Dinsdag	火曜日
Donderdag	木曜日
Februari	二月
Jaar	年
Juli	七月
Juni	六月
Kalender	カレンダー
Kan	五月
Maand	月
Maandag	月曜日
Maart	行進
November	十一月
September	セプテンバー
Vrijdag	金曜日
Week	週
Woensdag	水曜日
Zaterdag	土曜日
Zondag	日曜日

Dans
ダンス

Academie	アカデミー
Beweging	動き
Choreografie	振り付け
Cultuur	文化
Emotie	感情
Expressief	表現力豊かな
Houding	姿勢
Klassiek	クラシック
Kunst	アート
Lichaam	体
Muziek	音楽
Partner	パートナー
Repetitie	リハーサル
Ritme	リズム
Traditioneel	伝統的
Visueel	ビジュアル

Dinosaurussen
恐竜

Aarde	地球
Carnivoor	肉食動物
Enorm	巨大な
Evolutie	進化
Fossielen	化石
Groot	大きい
Grootte	サイズ
Herbivoor	草食動物
Krachtig	強力な
Mammoet	マンモス
Omnivoor	雑食
Prehistorisch	先史時代
Prooi	獲物
Reptiel	爬虫類
Roofvogel	ラプター
Soort	種
Staart	尾
Verdwijning	失踪
Vleugels	翼

Ecologie
エコロジー

Bergen	山
Diversiteit	多様性
Droogte	旱魃
Duurzaam	持続可能
Fauna	動物相
Flora	フローラ
Gemeenschappen	コミュニティ
Globaal	グローバル
Habitat	生息地
Klimaat	気候
Marinier	マリン
Moeras	マーシュ
Natuur	自然
Natuurlijk	ナチュラル
Overleving	生存
Planten	植物
Soort	種
Vegetatie	植生
Vrijwilligers	ボランティア

Emoties
感情

Angst	恐怖
Beschaamd	恥ずかしい
Dankbaar	感謝しています
Droefheid	悲しみ
Gelukzaligheid	至福
Inhoud	コンテンツ
Liefde	愛
Opluchting	安心
Rust	静けさ
Sympathie	同情
Tederheid	優しさ
Tevreden	満足
Verveling	退屈
Vrede	平和
Vreugde	喜び
Vriendelijkheid	親切
Woede	怒り

Eten #1
食べ物 #1

Aardbei	苺
Abrikoos	アプリコット
Basilicum	バジル
Citroen	レモン
Gerst	オオムギ
Kaneel	シナモン
Knoflook	ニンニク
Melk	ミルク
Peer	梨
Pinda	落花生
Salade	サラダ
Sap	ジュース
Soep	スープ
Spinazie	ほうれん草
Suiker	砂糖
Tonijn	ツナ
Ui	玉葱
Vlees	肉
Wortel	にんじん
Zout	塩

Eten #2
食べ物 #2

Amandel	アーモンド
Ananas	パイナップル
Appel	アップル
Asperge	アスパラガス
Aubergine	茄子
Banaan	バナナ
Broccoli	ブロッコリー
Brood	パン
Druif	葡萄
Ei	卵
Ham	ハム
Kaas	チーズ
Kip	チキン
Kiwi	キウイ
Perzik	桃
Rijst	米
Tarwe	小麦
Tomaat	トマト
Vis	魚
Yoghurt	ヨーグルト

Exploratie
探検

Activiteit	活動
Bepaling	決定
Culturen	文化
Dieren	動物
Leren	学ぶために
Moed	勇気
Nieuw	新着
Onbekend	不明
Ontdekking	発見
Opwinding	興奮
Reis	旅行
Ruimte	スペース
Taal	言語
Terrein	地形
Ver	遠い
Wild	野生

Familie
ファミリー

Broer	兄弟
Dochter	娘
Grootmoeder	おばあちゃん
Jeugd	子供の頃
Kind	子供
Kinderen	子供達
Kleinzoon	孫
Man	夫
Moeder	母
Neef	甥
Nicht	姪
Oom	叔父
Opa	祖父
Tante	叔母
Tweeling	双子
Vader	父
Vaderlijk	父方の
Voorouder	祖先
Vrouw	妻
Zus	姉妹

Fruit
フルーツ

Abrikoos	アプリコット
Ananas	パイナップル
Appel	アップル
Avocado	アボカド
Banaan	バナナ
Bes	ベリー
Citroen	レモン
Druif	葡萄
Framboos	ラズベリー
Kers	チェリー
Kiwi	キウイ
Kokosnoot	ココナッツ
Mango	マンゴー
Meloen	メロン
Nectarine	ネクタリン
Oranje	オレンジ
Papaja	パパイヤ
Peer	梨
Perzik	桃
Pruim	梅

Gebouwen
建物

Ambassade	大使館
Appartement	アパート
Bioscoop	シネマ
Boerderij	農場
Cabine	キャビン
Fabriek	工場
Hotel	ホテル
Kasteel	城
Laboratorium	研究室
Museum	博物館
Observatorium	天文台
School	学校
Schuur	納屋
Stadion	スタジアム
Supermarkt	スーパーマーケット
Tent	テント
Theater	劇場
Toren	タワー
Universiteit	大学
Ziekenhuis	病院

Geografie
地理学

Atlas	アトラス
Berg	山
Breedtegraad	緯度
Continent	大陸
Eiland	島
Evenaar	赤道
Halfrond	半球
Hoogte	高度
Kaart	地図
Land	国
Meridiaan	子午線
Noorden	北
Oceaan	海洋
Regio	領域
Rivier	川
Stad	市
Wereld	世界
Westen	西
Zee	海
Zuiden	南

Geologie
地質学

Aardbeving	地震
Calcium	カルシウム
Continent	大陸
Erosie	侵食
Fossiel	化石
Geiser	間欠泉
Gesmolten	モルテン
Grot	洞窟
Koraal	コーラル
Kristallen	結晶
Kwarts	石英
Laag	層
Lava	溶岩
Plateau	高原
Stalactiet	鍾乳石
Steen	石
Vulkaan	火山
Zone	ゾーン
Zout	塩
Zuur	酸

Gereedschap Voor het Kok
クッキングツール

Bestek	カトラリー
Broodrooster	トースター
Deksel	蓋
Kachel	ストーブ
Ketel	ケトル
Koelkast	冷蔵庫
Lepel	スプーン
Mes	ナイフ
Oven	オーブン
Rasp	おろし金
Sapcentrifuge	ジューサー
Schaar	はさみ
Spatel	スパチュラ
Thermometer	温度計
Vergiet	ザル
Vork	フォーク
Zeef	ストレーナー

Getallen
数字

Acht	八
Achttien	十八
Dertien	十三
Drie	三
Een	一
Negen	九
Negentien	十九
Nul	ゼロ
Tien	十
Twaalf	十二
Twee	二
Twintig	二十
Veertien	十四
Vier	四
Vijf	五
Vijftien	十五
Zes	六
Zestien	十六
Zeven	セブン
Zeventien	セブンティーン

Groenten
野菜

Artisjok	アーティチョーク
Aubergine	茄子
Broccoli	ブロッコリー
Erwt	エンドウ
Gember	ショウガ
Knoflook	ニンニク
Komkommer	キュウリ
Olijf	オリーブ
Paddestoel	キノコ
Peterselie	パセリ
Pompoen	かぼちゃ
Raap	カブ
Radijs	だいこん
Salade	サラダ
Selderij	セロリ
Sjalot	エシャロット
Spinazie	ほうれん草
Tomaat	トマト
Ui	玉葱
Wortel	にんじん

Haartypes
ヘアタイプ

Blond	ブロンド
Bruin	茶色
Dik	厚い
Droog	ドライ
Dun	薄い
Gekleurd	有色
Gevlochten	編組
Gezond	元気
Glimmend	シャイニー
Grijs	グレー
Hoofdhuid	頭皮
Kaal	禿
Kort	短い
Krullen	カール
Krullend	カーリー
Vlechten	三つ編み
Wit	白い
Zacht	ソフト
Zilver	銀
Zwart	ブラック

Herbalisme
本草学

Aromatisch	芳香族
Basilicum	バジル
Bloem	花
Culinair	料理
Dille	ディル
Dragon	タラゴン
Groen	緑
Ingrediënt	成分
Knoflook	ニンニク
Kwaliteit	品質
Lavendel	ラベンダー
Marjolein	マージョラム
Oregano	オレガノ
Peterselie	パセリ
Rozemarijn	ローズマリー
Saffraan	サフラン
Smaak	味
Tijm	タイム
Tuin	庭
Venkel	フェンネル

Huis
ハウス

Bezem	ほうき
Bibliotheek	図書館
Dak	屋根
Deur	ドア
Douche	シャワー
Garage	ガレージ
Haard	暖炉
Hek	フェンス
Kamer	部屋
Kelder	地下
Keuken	キッチン
Lamp	ランプ
Meubilair	家具
Muur	壁
Plafond	天井
Schoorsteen	煙突
Slaapkamer	寝室
Spiegel	鏡
Tapijt	ラグ
Tuin	庭

Huisdieren
ペット

Dierenarts	獣医
Geit	ヤギ
Hagedis	トカゲ
Hamster	ハムスター
Hond	犬
Kat	猫
Katje	子猫
Klauwen	爪
Koe	牛
Konijn	うさぎ
Kraag	襟
Muis	ねずみ
Papegaai	オウム
Poten	足
Puppy	子犬
Schildpad	カメ
Staart	尾
Vis	魚
Voedsel	食べ物
Water	水

Hulpmiddelen
ツール

Bijl	斧
Fakkel	トーチ
Hamer	ハンマー
Heerser	ルーラー
Kabel	ケーブル
Ladder	はしご
Lijm	のり
Mes	ナイフ
Nietje	ステープル
Nietmachine	ステープラー
Schaar	はさみ
Scheermes	かみそり
Schop	シャベル
Schroef	ねじ
Tang	ペンチ
Touw	ロープ
Wiel	ホイール

Insecten
昆虫

Bidsprinkhaan	カマキリ
Bij	蜂
Bladluis	アブラムシ
Cicade	蝉
Kakkerlak	ゴキブリ
Kever	甲虫
Larve	幼虫
Libel	トンボ
Mier	蟻
Mot	蛾
Mug	蚊
Sprinkhaan	バッタ
Termiet	シロアリ
Vlinder	蝶
Vlo	ノミ
Wesp	スズメバチ
Worm	ワーム

Installaties
植物

Bamboe	竹
Bes	ベリー
Bloem	花
Boom	木
Boon	豆
Bos	森
Cactus	サボテン
Flora	フローラ
Gebladerte	葉
Gras	草
Groeien	育つ
Klimop	蔦
Kruid	ハーブ
Mest	肥料
Mos	苔
Plantkunde	植物学
Struik	ブッシュ
Tuin	庭
Vegetatie	植生
Wortel	根

Kampioenschap
チャンピオンシップ

Finalist	ファイナリスト
Games	ゲーム
Kampioen	チャンピオン
Kampioenschap	チャンピオンシップ
Liga	リーグ
Medaille	メダル
Motivatie	モチベーション
Prestatie	パフォーマンス
Rechter	裁判官
Sport	スポーツ
Strategie	戦略
Team	チーム
Toernooi	トーナメント
Trainer	コーチ
Transpiratie	汗
Zege	勝利

Kastelen
お城

Draak	ドラゴン
Dynastie	王朝
Edele	ノーブル
Eenhoorn	ユニコーン
Feodaal	封建
Harnas	鎧
Katapult	カタパルト
Kerker	ダンジョン
Koninkrijk	王国
Kroon	クラウン
Muur	壁
Paard	馬
Paleis	宮殿
Prins	王子
Prinses	王女
Ridder	騎士
Rijk	帝国
Schild	シールド
Toren	タワー
Zwaard	剣

Keuken
キッチン

Cup	カップ
Eetstokjes	箸
Grill	グリル
Ketel	ケトル
Koelkast	冷蔵庫
Kom	ボウル
Kruik	水差し
Lepels	スプーン
Messen	ナイフ
Oven	オーブン
Pot	瓶
Recept	レシピ
Schort	エプロン
Servet	ナプキン
Specerijen	スパイス
Spons	スポンジ
Voedsel	食べ物
Vorken	フォーク
Vriezer	冷凍庫

Kleding
洋服

Armband	ブレスレット
Blouse	ブラウス
Broek	パンツ
Handschoenen	手袋
Hoed	帽子
Jas	コート
Jasje	ジャケット
Jurk	ドレス
Ketting	ネックレス
Mode	ファッション
Pyjama	パジャマ
Riem	ベルト
Rok	スカート
Sandalen	サンダル
Schoen	靴
Schort	エプロン
Shirt	シャツ
Sjaal	スカーフ
Sokken	靴下
Trui	セーター

Kleuren
[色]

Azuur	紺碧
Beige	ベージュ
Blauw	青
Bruin	茶色
Cyaan	シアン
Fuchsia	フクシア
Geel	黄色
Grijs	グレー
Groen	緑
Indigo	インジゴ
Magenta	マゼンタ
Oranje	オレンジ
Paars	紫
Rood	赤
Roze	ピンク
Sepia	セピア
Wit	白い
Zwart	ブラック

Klimmen
クライミング

Atmosfeer	雰囲気
Deskundige	専門家
Gidsen	ガイド
Grot	洞窟
Handschoenen	手袋
Helm	ヘルメット
Hoogte	高度
Kaart	地図
Kracht	強さ
Laarzen	ブーツ
Letsel	怪我
Nieuwsgierigheid	好奇心
Opleiding	トレーニング
Smal	狭い
Stabiliteit	安定性
Terrein	地形
Uitdagingen	課題
Wandelen	ハイキング

Kunst
美術

Beeldhouwwerk	彫刻
Complex	繁雑
Creëren	作成
Eerlijk	正直
Geïnspireerd	インスパイヤされた
Humeur	気分
Keramisch	セラミック
Onderwerp	件名
Origineel	オリジナル
Persoonlijk	個人的
Poëzie	詩
Portretteren	描く
Samenstelling	構成
Schilderijen	絵画
Surrealisme	シュルレアリスム
Symbool	シンボル
Uitdrukking	表現
Visueel	ビジュアル

Kunstbenodigdheden
アートサプライ

Acryl	アクリル
Aquarellen	水彩画
Borstels	ブラシ
Camera	カメラ
Creativiteit	創造性
Ezel	イーゼル
Gom	消しゴム
Houtskool	炭
Inkt	インク
Klei	粘土
Kleuren	色
Lijm	のり
Olie	油
Papier	紙
Pastel	パステル
Potloden	鉛筆
Stoel	椅子
Tafel	テーブル
Verf	塗料
Water	水

Landen #2
国 #2

Denemarken	デンマーク
Ethiopië	エチオピア
Frankrijk	フランス
Griekenland	ギリシャ
Ierland	アイルランド
Indonesië	インドネシア
Japan	日本
Kenia	ケニア
Laos	ラオス
Libanon	レバノン
Liberia	リベリア
Maleisië	マレーシア
Mexico	メキシコ
Nepal	ネパール
Nigeria	ナイジェリア
Oeganda	ウガンダ
Oekraïne	ウクライナ
Rusland	ロシア
Somalië	ソマリア
Syrië	シリア

Landschappen
風景

Berg	山
Eiland	島
Geiser	間欠泉
Gletsjer	氷河
Grot	洞窟
Heuvel	丘
IJsberg	氷山
Meer	湖
Moeras	沼
Oase	オアシス
Oceaan	海洋
Rivier	川
Schiereiland	半島
Strand	ビーチ
Toendra	ツンドラ
Vallei	谷
Vulkaan	火山
Waterval	滝
Woestijn	砂漠
Zee	海

Literatuur
文学

Analogie	類推
Analyse	分析
Anekdote	逸話
Auteur	著者
Biografie	伝記
Conclusie	結論
Dialoog	対話
Fictie	フィクション
Gedicht	詩
Mening	意見
Metafoor	比喩
Poëtisch	詩的
Rijm	韻
Ritme	リズム
Roman	小説
Stijl	スタイル
Thema	テーマ
Tragedie	悲劇
Vergelijking	比較
Verteller	ナレーター

Meditatie
瞑想

Aandacht	注意
Aanvaarding	受け入れ
Ademhaling	呼吸
Beweging	動き
Dankbaarheid	感謝
Emoties	感情
Gedachten	思考
Geest	マインド
Helderheid	明快
Houding	姿勢
Leren	学ぶために
Mededogen	思いやり
Mentaal	メンタル
Muziek	音楽
Natuur	自然
Observatie	観察
Perspectief	パースペクティブ
Stilte	沈黙
Vrede	平和
Vriendelijkheid	親切

Meer Informatie
サイエンス・フィクション

Bioscoop	シネマ
Boeken	書籍
Brand	火
Denkbeeldig	虚数
Dystopie	ディストピア
Explosie	爆発
Fantastisch	素晴らしい
Futuristisch	未来的
Illusie	イリュージョン
Klonen	クローン
Mysterieus	神秘的な
Orakel	オラクル
Planeet	惑星
Realistisch	現実的
Robots	ロボット
Scenario	シナリオ
Sterrenstelsel	銀河
Technologie	技術
Utopie	ユートピア
Wereld	世界

Menselijk Lichaam
人体

Been	足
Bloed	血
Elleboog	肘
Enkel	足首
Hand	手
Hart	心臓
Hersenen	脳
Hoofd	頭
Huid	肌
Kin	顎
Knie	膝
Maag	胃
Mond	口
Nek	首
Neus	鼻
Oog	目
Oor	耳
Schouder	肩
Tong	舌
Vinger	指

Metingen
測定値

Breedte	幅
Byte	バイト
Centimeter	センチメートル
Decimaal	小数
Diepte	深さ
Gewicht	重さ
Gram	グラム
Hoogte	高さ
Inch	インチ
Kilogram	キログラム
Kilometer	キロメートル
Lengte	長さ
Liter	リットル
Massa	質量
Meter	メーター
Minuut	分
Ons	オンス
Pint	パイント
Ton	トン
Volume	ボリューム

Meubels
家具

Bank	ベンチ
Bed	ベッド
Boekenkast	本棚
Bureau	机
Dekbedden	掛け布団
Dressoir	ドレッサー
Fauteuil	アームチェア
Futon	布団
Gordijnen	カーテン
Hangmat	ハンモック
Kussen	枕
Kussens	クッション
Lamp	ランプ
Matras	マットレス
Planken	棚
Spiegel	鏡
Stoel	椅子
Tapijt	ラグ

Muziekinstrumenten
楽器

Banjo	バンジョー
Cello	チェロ
Fagot	ファゴット
Fluit	フルート
Gitaar	ギター
Gong	ゴング
Harp	ハープ
Hobo	オーボエ
Klarinet	クラリネット
Mandoline	マンドリン
Marimba	マリンバ
Mondharmonica	ハーモニカ
Percussie	パーカッション
Piano	ピアノ
Saxofoon	サックス
Tamboerijn	タンバリン
Trombone	トロンボーン
Trommel	ドラム
Trompet	トランペット
Viool	バイオリン

Mythologie
神話

Archetype	原型
Bliksem	稲妻
Creatie	作成
Cultuur	文化
Donder	雷
Doolhof	ラビリンス
Gedrag	行動
Held	ヒーロー
Heldin	ヒロイン
Hemel	天国
Jaloezie	嫉妬
Kracht	強さ
Krijger	戦士
Legende	伝説
Monster	モンスター
Onsterfelijkheid	不死
Ramp	災害
Sterfelijk	モータル
Wezen	生き物
Wraak	復讐

Natuur
自然

Arctisch	北極
Bergen	山
Bijen	蜂
Bos	森
Dieren	動物
Dynamisch	動的
Erosie	侵食
Gebladerte	葉
Gletsjer	氷河
Heiligdom	サンクチュアリ
Mist	霧
Rivier	川
Schoonheid	美しさ
Schuilplaats	シェルター
Sereen	穏やか
Tropisch	トロピカル
Vitaal	重要
Wild	野生
Woestijn	砂漠
Wolken	雲

Oceaan
海洋

Aal	うなぎ
Algen	藻
Boot	ボート
Dolfijn	イルカ
Garnaal	エビ
Getijden	潮汐
Haai	鮫
Koraal	コーラル
Krab	カニ
Kwal	クラゲ
Octopus	たこ
Oester	カキ
Rif	リーフ
Schildpad	カメ
Spons	スポンジ
Storm	嵐
Tonijn	ツナ
Vis	魚
Walvis	鯨
Zout	塩

Om in te Vullen
塗りつぶすには

Buis	チューブ
Dienblad	トレイ
Doos	箱
Emmer	バケツ
Envelop	封筒
Fles	ボトル
Karton	カートン
Koffer	スーツケース
Krat	クレート
Lade	引き出し
Mand	バスケット
Map	フォルダ
Pakje	パケット
Pot	瓶
Vaas	花瓶
Vat	バレル
Zak	ポケット

Piraten
パイレーツ

Anker	アンカー
Avontuur	冒険
Bemanning	クルー
Eiland	島
Gevaar	危険
Goud	ゴールド
Grot	洞窟
Kaart	地図
Kapitein	キャプテン
Kompas	コンパス
Legende	伝説
Litteken	傷跡
Oceaan	海洋
Papegaai	オウム
Rum	ラム酒
Schat	宝
Slecht	悪い
Strand	ビーチ
Vlag	旗
Zwaard	剣

Regenwoud
レインフォレスト

Amfibieën	両生類
Behoud	保存
Botanisch	植物
Diversiteit	多様性
Gemeenschap	コミュニティ
Inheems	先住民族
Insecten	虫
Jungle	ジャングル
Klimaat	気候
Mos	苔
Natuur	自然
Overleving	生存
Respect	尊敬
Restauratie	復元
Soort	種
Toevlucht	避難
Vogels	鳥
Waardevol	貴重
Wolken	雲
Zoogdieren	哺乳類

Restaurant #1
レストラン #1

Allergie	アレルギー
Bord	皿
Brood	パン
Keuken	キッチン
Kip	チキン
Koffie	コーヒー
Kom	ボウル
Menu	メニュー
Mes	ナイフ
Pittig	辛い
Reservering	予約
Saus	ソース
Serveerster	ウェイトレス
Servet	ナプキン
Toetje	デザート
Vlees	肉
Voedsel	食べ物

Restaurant #2
レストラン #2

Cake	ケーキ
Diner	夕食
Drank	飲料
Eieren	卵
Fruit	フルーツ
Groente	野菜
Heerlijk	美味しい
Ijs	氷
Lepel	スプーン
Lunch	ランチ
Noedels	麺
Ober	ウェイター
Salade	サラダ
Soep	スープ
Specerijen	スパイス
Stoel	椅子
Vis	魚
Vork	フォーク
Water	水
Zout	塩

Rijden
運転

Auto	車
Brandstof	燃料
Garage	ガレージ
Gas	ガス
Gevaar	危険
Kaart	地図
Licentie	ライセンス
Motor	モーター
Motorfiets	オートバイ
Ongeluk	事故
Politie	警察
Remmen	ブレーキ
Snelheid	速度
Straat	ストリート
Tunnel	トンネル
Veiligheid	安全性
Verkeer	交通
Voetganger	歩行者
Vrachtauto	トラック
Weg	道

Schaken
チェス

Diagonaal	対角
Kampioen	チャンピオン
Koning	キング
Koningin	女王
Leren	学ぶために
Offer	犠牲
Passief	パッシブ
Punten	ポイント
Reglement	ルール
Slim	賢い
Spel	ゲーム
Speler	プレーヤー
Strategie	戦略
Tegenstander	相手
Tijd	時間
Toernooi	トーナメント
Uitdagingen	課題
Wedstrijd	コンテスト
Wit	白い
Zwart	ブラック

School #1
スクール #1

Alfabet	アルファベット
Antwoorden	答え
Bibliotheek	図書館
Boeken	書籍
Bureau	机
Examens	試験
Klaslokaal	教室
Leraar	先生
Leren	学ぶために
Lunch	ランチ
Mappen	フォルダー
Markeringen	マーカー
Papier	紙
Pennen	ペン
Plezier	楽しい
Potlood	鉛筆
Quiz	クイズ
Stoel	椅子
Vrienden	友達
Wiskunde	数学

School #2
スクール #2

Academisch	アカデミック
Bibliotheek	図書館
Bus	バス
Computer	コンピュータ
Grammatica	文法
Huiswerk	宿題
Kalender	カレンダー
Leraar	先生
Literatuur	文学
Onderwijs	教育
Papier	紙
Pennen	ペン
Potlood	鉛筆
Rugzak	バックパック
Schaar	はさみ
Schoenen	靴
Weekend	週末
Wetenschap	科学
Wiskunde	数学
Woordenboek	辞書

Specerijen
スパイス

Anijs	アニス
Bitter	苦い
Fenegriek	フェヌグリーク
Gember	ショウガ
Kaneel	シナモン
Kardemom	カルダモン
Kerrie	カレー
Knoflook	ニンニク
Komijn	クミン
Koriander	コリアンダー
Kruidnagel	クローブ
Nootmuskaat	ナツメグ
Paprika	パプリカ
Saffraan	サフラン
Smaak	味
Ui	玉葱
Vanille	バニラ
Venkel	フェンネル
Zoet	甘い
Zout	塩

Speelgoed
おもちゃ

Ambachten	工芸品
Auto	車
Bal	ボール
Boeken	書籍
Boot	ボート
Drums	ドラム
Favoriet	お気に入り
Fiets	自転車
Games	ゲーム
Klei	粘土
Pop	人形
Puzzel	パズル
Robot	ロボット
Schaak	チェス
Trein	列車
Verbeelding	想像力
Verf	塗料
Vlieger	凧
Vliegtuig	飛行機
Vrachtauto	トラック

Sport
スポーツ

Atleet	アスリート
Basketbal	バスケットボール
Beweging	動き
Fiets	自転車
Golf	ゴルフ
Gymnasium	体育館
Gymnastiek	体操
Hockey	ホッケー
Honkbal	野球
Kampioenschap	チャンピオンシップ
Scheidsrechter	審判
Spel	ゲーム
Speler	プレーヤー
Stadion	スタジアム
Team	チーム
Tennis	テニス
Trainer	コーチ
Winnaar	勝者

Stad
町

Apotheek	薬局
Bakkerij	ベーカリー
Bank	銀行
Bibliotheek	図書館
Bioscoop	シネマ
Bloemist	花屋
Boekhandel	書店
Dierentuin	動物園
Galerij	ギャラリー
Hotel	ホテル
Kliniek	診療所
Luchthaven	空港
Markt	市場
Museum	博物館
School	学校
Stadion	スタジアム
Supermarkt	スーパーマーケット
Theater	劇場
Universiteit	大学
Winkel	店

Strand
ビーチ

Blauw	青
Boot	ボート
Dok	ドック
Eiland	島
Handdoek	タオル
Krab	カニ
Kust	海岸
Lagune	ラグーン
Oceaan	海洋
Paraplu	傘
Rif	リーフ
Sandalen	サンダル
Schelpen	シェル
Vakantie	休暇
Zand	砂
Zee	海
Zeilboot	ヨット
Zon	太陽

Surfen
サーフィン

Atleet	アスリート
Beginner	初心者
Golf	波
Kampioen	チャンピオン
Kracht	強さ
Maag	胃
Menigte	群衆
Oceaan	海洋
Peddelen	パドル
Plezier	楽しい
Populair	人気の
Rif	リーフ
Schuim	泡
Snelheid	速度
Spray	スプレー
Stijl	スタイル
Strand	ビーチ
Weer	天気

Technologie
テクノロジー

Bericht	メッセージ
Bestand	ファイル
Blog	ブログ
Browser	ブラウザ
Bytes	バイト
Camera	カメラ
Computer	コンピュータ
Cursor	カーソル
Digitaal	デジタル
Gegevens	データ
Internet	インターネット
Lettertype	フォント
Onderzoek	研究
Scherm	画面
Software	ソフトウェア
Statistiek	統計
Veiligheid	安全
Virtueel	仮想
Virus	ウイルス

Tijd
時間

Dag	日
Decennium	十年
Eeuw	世紀
Gisteren	昨日
Jaar	年
Jaarlijks	通年
Kalender	カレンダー
Klok	時計
Maand	月
Middag	昼
Minuut	分
Na	後
Nacht	夜
Nu	今
Ochtend	朝
Toekomst	未来
Uur	時間
Vandaag	今日
Vroeg	早い
Week	週

Tuin
ガーデン

Bank	ベンチ
Bloem	花
Boom	木
Boomgaard	オーチャード
Garage	ガレージ
Gazon	芝生
Gras	草
Hangmat	ハンモック
Hark	熊手
Hek	フェンス
Onkruid	雑草
Rotsen	岩
Schop	シャベル
Slang	ホース
Struik	ブッシュ
Terras	テラス
Trampoline	トランポリン
Tuin	庭
Veranda	ポーチ
Vijver	池

Vakantie #2
バケーション #2

Bestemming	行き先
Buitenlander	外国人
Eiland	島
Hotel	ホテル
Kaart	地図
Kamperen	キャンプ
Luchthaven	空港
Paspoort	パスポート
Reis	旅
Reserveringen	予約
Restaurant	レストラン
Strand	ビーチ
Taxi	タクシー
Tent	テント
Trein	列車
Vakantie	休日
Vervoer	交通
Visum	ビザ
Vrije Tijd	レジャー
Zee	海

Verjaardag
誕生日

Cake	ケーキ
Dag	日
Geboren	生まれ
Gelukkig	ハッピー
Geschenk	贈り物
Herinneringen	思い出
Jaar	年
Jong	若い
Kaarsen	キャンドル
Kaarten	カード
Kalender	カレンダー
Lied	歌
Partij	パーティー
Plezier	楽しい
Speciaal	スペシャル
Tijd	時間
Uitnodigingen	招待状
Viering	お祝い
Vrienden	友達
Wijsheid	知恵

Vissen
釣り

Aas	餌
Boot	ボート
Draad	ワイヤー
Geduld	忍耐
Gewicht	重さ
Haak	フック
Kaak	顎
Kieuwen	えら
Mand	バスケット
Meer	湖
Oceaan	海洋
Overdrijving	過言
Rivier	川
Seizoen	季節
Strand	ビーチ
Vinnen	フィン
Water	水

Vliegtuigen
飛行機

Afdaling	降下
Atmosfeer	雰囲気
Avontuur	冒険
Ballon	バルーン
Bemanning	クルー
Bouw	建設
Brandstof	燃料
Geschiedenis	歴史
Hemel	空
Hoogte	高さ
Landen	着陸
Lucht	空気
Motor	エンジン
Ontwerp	設計
Passagier	旅客
Piloot	パイロット
Propellers	プロペラ
Richting	方向
Turbulentie	乱流
Waterstof	水素

Voeding
栄養

Bitter	苦い
Calorieën	カロリー
Dieet	ダイエット
Eetbaar	食用
Eetlust	食欲
Eiwitten	タンパク質
Evenwichtig	バランス
Fermentatie	発酵
Gewicht	重さ
Gezond	元気
Gezondheid	健康
Koolhydraten	炭水化物
Kwaliteit	品質
Saus	ソース
Smaak	味
Spijsvertering	消化
Toxine	毒素
Vitamine	ビタミン
Vloeistoffen	液体
Voedingsstof	栄養素

Voertuigen
車両

Ambulance	救急車
Auto	車
Banden	タイヤ
Boot	ボート
Bus	バス
Caravan	キャラバン
Fiets	自転車
Helikopter	ヘリコプター
Metro	地下鉄
Motor	モーター
Onderzeeër	潜水艦
Raket	ロケット
Scooter	スクーター
Taxi	タクシー
Tractor	トラクター
Trein	列車
Veerboot	フェリー
Vliegtuig	飛行機
Vlot	いかだ
Vrachtauto	トラック

Vogels
鳥類

Duif	鳩
Eend	アヒル
Ei	卵
Flamingo	フラミンゴ
Gans	ガチョウ
Kip	チキン
Koekoek	カッコウ
Kraai	カラス
Meeuw	カモメ
Mus	スズメ
Ooievaar	コウノトリ
Papegaai	オウム
Pauw	孔雀
Pelikaan	ペリカン
Pinguïn	ペンギン
Reiger	サギ
Struisvogel	ダチョウ
Toekan	オオハシ
Uil	フクロウ
Zwaan	白鳥

Vormen
シェイプ

Boog	アーク
Cilinder	シリンダー
Cirkel	円
Curve	曲線
Driehoek	三角形
Hoek	コーナー
Hyperbool	双曲線
Kant	側
Kegel	円錐
Kubus	三乗
Lijn	ライン
Ovaal	楕円
Piramide	ピラミッド
Prisma	プリズム
Randen	エッジ
Rechthoek	矩形
Veelhoek	多角形

Wandelen
ハイキング

Berg	山
Dieren	動物
Kaart	地図
Kamperen	キャンプ
Klif	崖
Klimaat	気候
Laarzen	ブーツ
Moe	疲れた
Muggen	蚊
Natuur	自然
Oriëntatie	オリエンテーション
Parken	公園
Stenen	石
Top	サミット
Voorbereiding	準備
Water	水
Weer	天気
Wild	野生
Zon	太陽
Zwaar	重い

Water
水

Douche	シャワー
Geiser	間欠泉
Golven	波
Ijs	氷
Irrigatie	灌漑
Kanaal	運河
Meer	湖
Moesson	モンスーン
Oceaan	海洋
Orkaan	ハリケーン
Overstroming	洪水
Regen	雨
Rivier	川
Sneeuw	雪
Stoom	蒸気
Verdamping	蒸発
Vocht	水分
Vochtig	湿った
Vochtigheid	湿度
Vorst	霜

Weersomstandigheden
天気

Atmosfeer	雰囲気
Bliksem	稲妻
Donder	雷
Droog	ドライ
Droogte	旱魃
Hemel	空
Ijs	氷
Klimaat	気候
Mist	霧
Moesson	モンスーン
Orkaan	ハリケーン
Overstroming	洪水
Polair	極性
Regenboog	虹
Storm	嵐
Temperatuur	温度
Tornado	竜巻
Tropisch	トロピカル
Wind	風
Wolk	雲

Wetenschap
理科

Atoom	原子
Chemisch	化学薬品
Deeltjes	粒子
Evolutie	進化
Experiment	実験
Feit	事実
Fossiel	化石
Gegevens	データ
Hypothese	仮説
Klimaat	気候
Laboratorium	研究室
Methode	方法
Mineralen	ミネラル
Moleculen	分子
Natuur	自然
Natuurkunde	物理学
Observatie	観察
Organisme	生物
Wetenschapper	科学者
Zwaartekracht	重力

Wetenschappelijke Discip
科学分野

Anatomie	解剖学
Archeologie	考古学
Astronomie	天文学
Biochemie	生化学
Biologie	生物学
Chemie	化学
Ecologie	生態学
Fysiologie	生理
Geologie	地質学
Immunologie	免疫学
Mechanica	力学
Meteorologie	気象学
Mineralogie	鉱物学
Neurologie	神経学
Plantkunde	植物学
Psychologie	心理学
Robotica	ロボット工学
Sociologie	社会学
Thermodynamica	熱力学
Voeding	栄養

Wiskunde
数学

Decimaal	小数
Diameter	直径
Driehoek	三角形
Exponent	指数
Fractie	分数
Geometrie	幾何学
Graden	度
Hoeken	角度
Loodrecht	垂直
Omtrek	円周
Parallel	平行
Parallellogram	平行四辺形
Rechthoek	矩形
Rekenkundig	算術
Som	和
Straal	半径
Symmetrie	対称
Veelhoek	多角形
Vergelijking	方程式
Volume	ボリューム

Zomer
夏

Boeken	書籍
Duiken	ダイビング
Familie	家族
Games	ゲーム
Herinneringen	思い出
Huis	家
Kamperen	キャンプ
Muziek	音楽
Ontspanning	リラクゼーション
Reis	旅行
Sandalen	サンダル
Sterren	星
Strand	ビーチ
Tuin	庭
Vakantie	休暇
Voedsel	食べ物
Vreugde	喜び
Vrienden	友達
Vrije Tijd	レジャー
Zee	海

Zoogdieren
哺乳類

Aap	猿
Bever	ビーバー
Coyote	コヨーテ
Dolfijn	イルカ
Ezel	ロバ
Geit	ヤギ
Giraf	キリン
Gorilla	ゴリラ
Hond	犬
Kameel	キャメル
Kangoeroe	カンガルー
Kat	猫
Konijn	うさぎ
Leeuw	ライオン
Olifant	象
Paard	馬
Stier	ブル
Vos	狐
Walvis	鯨
Wolf	狼

Gefeliciteerd

Je hebt het gehaald!

We hopen dat u net zoveel plezier beleeft aan dit boek als wij aan het maken ervan. We doen ons best om spellen van hoge kwaliteit te maken.
Deze puzzels zijn op een slimme manier ontworpen zodat je actief kunt leren terwijl je plezier hebt!

Vond je ze mooi?

Een Eenvoudig Verzoek

Onze boeken bestaan dankzij de recensies die zij publiceren.
Kunt u ons helpen door nu een mening achter te laten ?

Hier is een korte link die u naar uw bestellingen beoordelingspagina.

BestBooksActivity.com/Recensie50

FINAAL UITDAGING!

Uitdaging nr. 1

Klaar voor uw bonusspel? We gebruiken ze de hele tijd, maar ze zijn niet zo gemakkelijk te vinden. Hier zijn **Synoniemen!**

Noteer 5 woorden die je ontdekt hebt in elk van de onderstaande puzzels (nr. 21, nr. 36, nr. 76) en probeer voor elk woord 2 synoniemen te vinden.

Notitie 5 Woorden uit *Puzzle 21*

Woorden	Synoniem 1	Synoniem 2

Notitie 5 Woorden uit *Puzzle 36*

Woorden	Synoniem 1	Synoniem 2

Notitie 5 Woorden uit *Puzzle 76*

Woorden	Synoniem 1	Synoniem 2

Uitdaging nr. 2

Nu je opgewarmd bent, noteer 5 woorden die je ontdekt hebt in elke hieronder genoteerde puzzel (nr. 9, nr. 17, nr. 25) en probeer voor elk woord 2 antoniemen te vinden. Hoeveel regels kan je doen in 20 minuten?

Notitie 5 Woorden uit *Puzzle 9*

Woorden	Antoniem 1	Antoniem 2

Notitie 5 Woorden uit *Puzzle 17*

Woorden	Antoniem 1	Antoniem 2

Notitie 5 Woorden uit *Puzzle 25*

Woorden	Antoniem 1	Antoniem 2

Uitdaging nr. 3

Prachtig, deze finaal uitdaging  is makkelijk voor jou!

Klaar voor de laatste? Kies je 10 favoriete woorden die je in een van de puzzels hebt ontdekt en noteer ze hieronder.

1.	6.
2.	7.
3.	8.
4.	9.
5.	10.

De uitdaging is nu om met deze woorden en binnen een maximum van zes zinnen een tekst te schrijven over een persoon, dier of plaats waar je van houdt!

Tip: U kunt de laatste blanco pagina van dit boek als kladblaadje gebruiken!

Je schrijven:

NOTITIEBOEKJE:

TOT SNEL!

GENIET VAN GRATIS SPELLEN

GO

↓

BESTACTIVITYBOOKS.COM/FREEGAMES